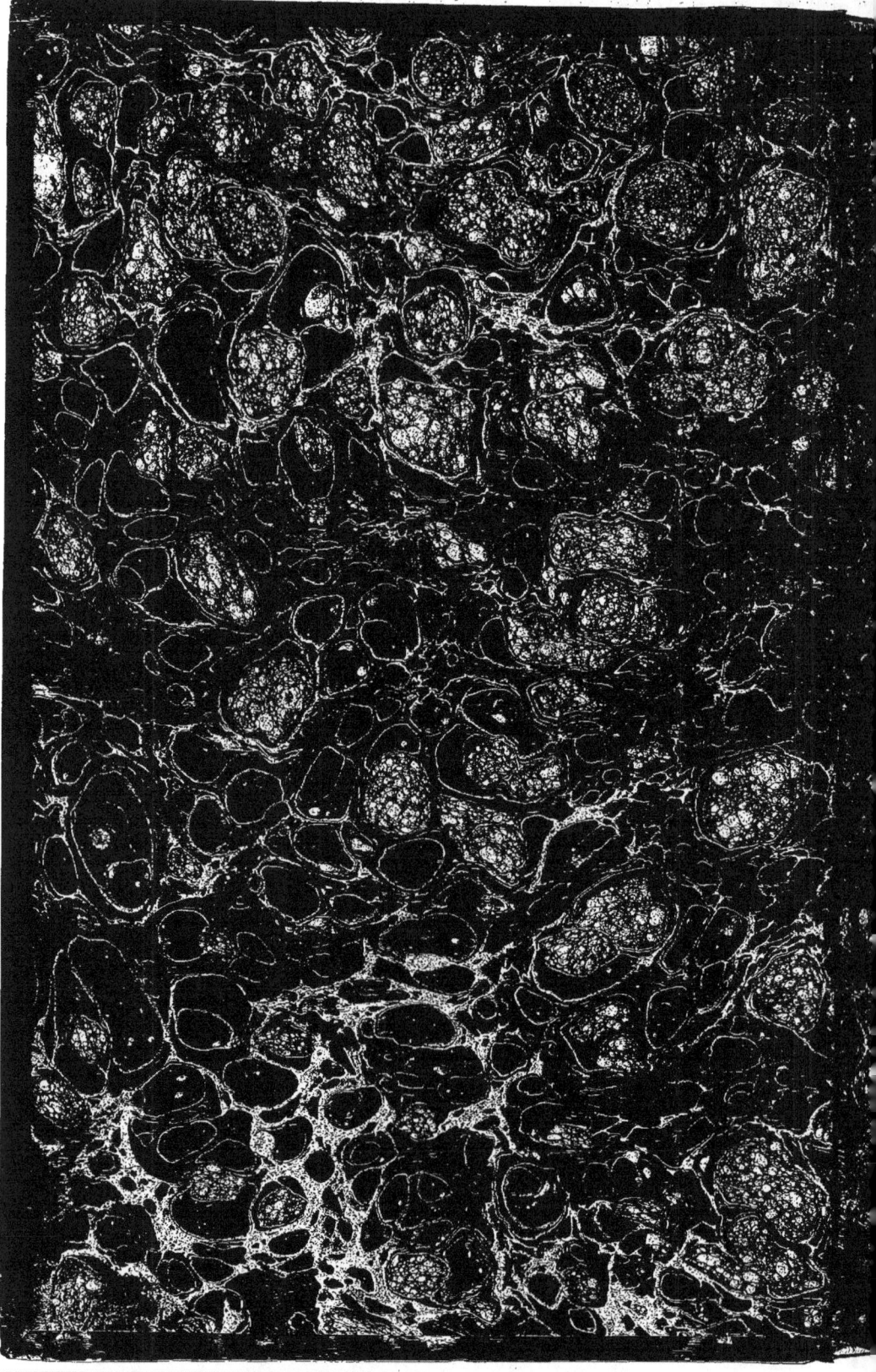

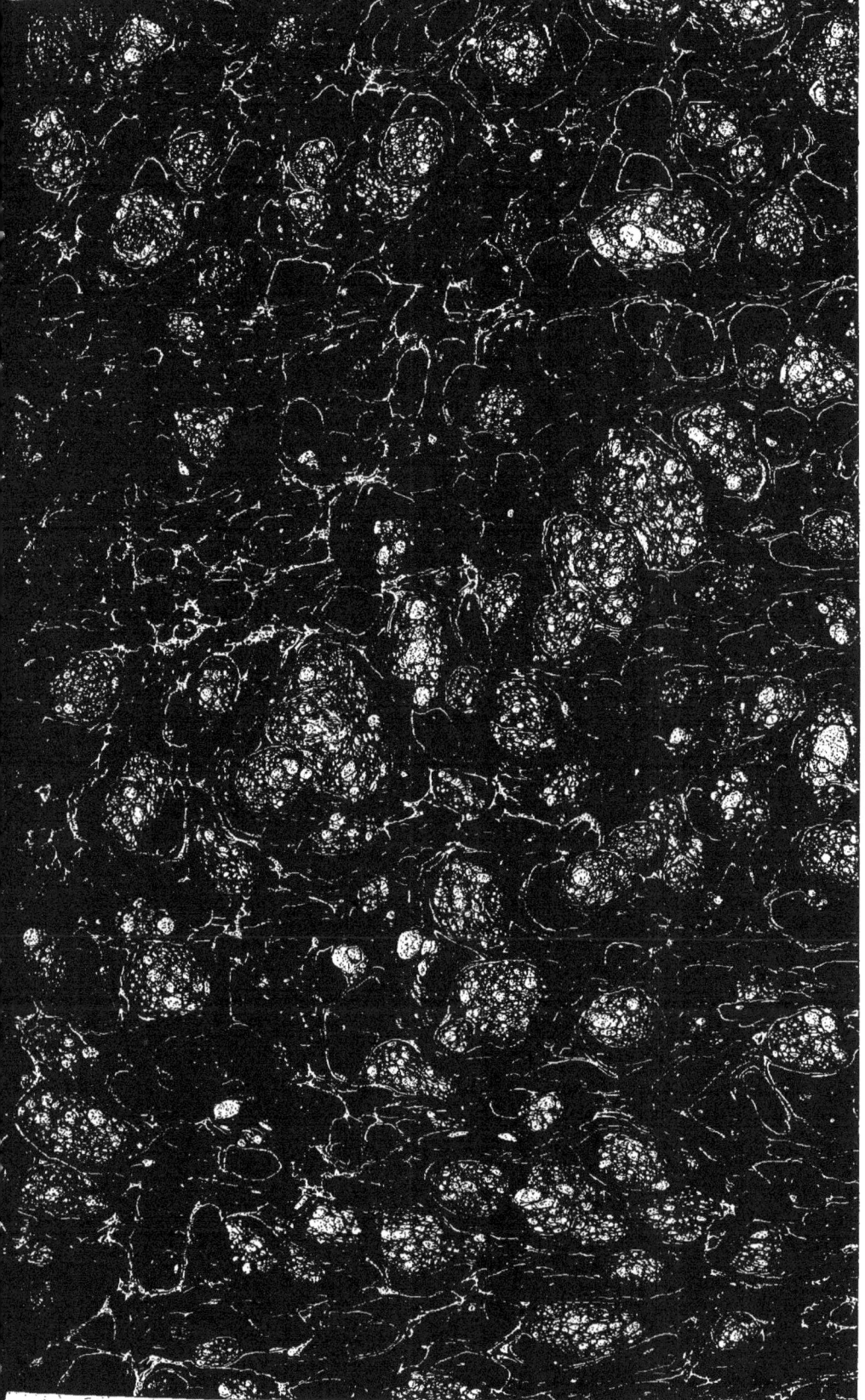

15878
H

MUSÉE

DES

MONUMENS FRANÇAIS.

il n'a paru que ce volume

MUSÉE
DES
MONUMENS FRANÇAIS.

RECUEIL
DE
PORTRAITS INÉDITS
DES HOMMES ET DES FEMMES

QUI ONT ILLUSTRÉ LA FRANCE SOUS DIFFÉRENS RÈGNES,

Dont les originaux sont conservés dans ledit Musée ;

OUVRAGE ORNÉ DE GRAVURES;

DÉDIÉ

A S. M. L'IMPÉRATRICE ET REINE;

Par ALEXANDRE LENOIR, Administrateur du Musée, Membre de l'Académie Celtique de France, de la Société Philotechnique de Paris, de l'Académie Italienne, de l'Athénée de la Langue Française, et de la Société libre des Sciences, Lettres et Arts de Nancy, de celle de Soissons, etc.

TOME PREMIER.

A PARIS,

Chez
- L'AUTEUR, au Musée, rue des Petits-Augustins, faubourg Saint-Germain;
- HACQUART, Imprimeur du Corps Législatif, rue Gît-le-Cœur, n° 8.
- TREUTTEL et WURTZ, Libraires, rue de Lille, n° 12.

1809.

A SA MAJESTÉ

L'IMPÉRATRICE

ET REINE.

M<small>ADAME</small>,

Vous avez vu naître le Musée des Monumens français. Ses travaux, commencés l'an 1790, se sont successivement opérés sous vos yeux. C'est aussi sous les auspices de V<small>OTRE</small> M<small>AJESTÉ</small> *que ce Musée, depuis son origine, s'est agrandi et qu'il a été préservé plus d'une* fois de la malveillance et de l'intrigue.

Il était naturel, sans doute, que l'intérêt que Votre Majesté porte aux sciences et aux arts, par un sentiment fin et délicat qui lui est personnel, lui fît affectionner plus particulièrement un établissement qui présente une suite chronologique de plus de quatre cents monumens de la monarchie française, en remontant jusqu'à ses premières époques, pour la conduire jusqu'au dix-neuvième siècle ; monumens qui servent aussi à la connaissance de nos arts dépendant du dessin.

Plein de reconnaissance des bontés dont Votre Majesté n'a cessé de me combler depuis nombre d'années, je la supplie de vouloir bien agréer, comme un hommage de mon entier dévoûment, la dédicace d'un Ouvrage orné de gravures, que je donne au public, et qui a pour titre, Recueil de Portraits inédits des hommes et des femmes qui ont illustré la France sous différens règnes.

Cette collection, dont j'ai recueilli les types originaux, peints d'après nature par François Janet, Corneille de Lyon, Porbus, etc., fait suite à l'Ouvrage que j'ai publié sur le Musée des Monumens français, dont j'ai eu l'honneur d'offrir successivement à VOTRE MAJESTÉ les volumes que j'ai mis au jour.

MADAME, voir le nom de VOTRE MAJESTÉ à la téte de mon Ouvrage, est un sûr garant de son succès. Qui mieux que VOTRE MAJESTÉ saura apprécier mon travail, puisque j'y traite des personnages illustres, des costumes français, et de l'histoire de l'art, relativement à la France ! L'honneur que me fait VOTRE MAJESTÉ en acceptant ma première dédicace est pour moi la récompense la plus précieuse de mes nombreux travaux.

J'ai l'honneur d'être, avec un très-profond respect,

MADAME,

DE VOTRE MAJESTÉ IMPÉRIALE ET ROYALE,

Le très-humble et très-obéissant et fidèle sujet,

ALEXANDRE LENOIR,
Administrateur du Musée des Monumens français.

AVANT-PROPOS.

Dans mon Ouvrage sur le Musée des Monumens français, dont j'ai successivement publié les volumes au nombre de six, j'ai fait voir d'abord que la connaissance de l'antiquité était indispensablement nécessaire à la culture des arts dépendant du dessin. Ce travail ne pouvait être étranger à la description de nos monumens français que je voulais décrire, puisque j'y traite de l'histoire de l'art en France ; et il est certain que, dans les premiers siècles de la monarchie française, nous avons reçu nos arts de l'Orient : c'est ce que nous avons prouvé par les monumens mêmes. Nous avons reconnu aussi que non seulement nos arts coïncidaient parfaitement avec ceux des anciens, mais encore nous avons trouvé des rapports singuliers entre les allégories qui caractérisent les diverses divinités sur lesquelles se sont exercés leurs sculpteurs, et nos légendes mystiques que nos artistes ont peintes ou sculptées.

Les beaux-arts, renouvelés en Italie par les Médicis et les souverains pontifes Léon X et Jules II, jouissaient de toute leur gloire, lorsque François Ier les introduisit en France, en appelant auprès de sa personne les hommes les plus célèbres de cette même Italie, à laquelle, dans le siècle le plus éclairé, nous sommes redevables du chef le plus illustre que la France comptera dans ses annales. François Ier traita dignement et honorablement les savans et les artistes; les sciences et les arts répandirent sur son règne le plus grand éclat. Ces différences et ces relations suivies entre les beaux-arts et les faits historiques dont les types originaux et primitifs font aujourd'hui l'ornement de notre Muséum, ont également frappé les regards de l'Empereur

AVANT-PROPOS.

Napoléon qui a voulu le connaître, et ceux des étrangers qui sont venus le visiter; et j'ose dire, à l'avantage de cet établissement, qu'il a été apprécié à sa juste valeur. L'Empereur Napoléon en a reconnu toute l'importance, et il n'a cessé de m'honorer de sa satisfaction. J'ajouterai que, le 8 avril dernier, Sa Majesté l'Impératrice et Reine a voulu voir ce Musée, illuminé et éclairé aux flambeaux, spectacle vraiment imposant et digne de ses regards (1). Je

---

(1) *Description de la réception de S. M. l'Impératrice au Musée des Monumens français, le 8 avril 1807, par Alexandre Lenoir, administrateur de ce Musée.*

La porte extérieure du Musée était complétement illuminée, ainsi que le portique d'Anet, placé dans la première cour, qui sert de frontispice à la salle d'introduction.

Toutes les salles étaient éclairées suivant leur époque, c'est-à-dire, que l'on avait gradué la force ou la vigueur de la lumière en raison de la beauté des mo-

dirai encore, en faveur du Musée des Monumens français, qu'un prince de l'Empire germanique, savant dans les

---

numens. Les vîtraux, éclairés par derrière, formaient des transparans qui produisaient le plus grand effet. L'ensemble de toutes ces choses était véritablement beau et présentait un coup d'œil fait pour intéresser.

Sa Majesté a vu ce Musée avec le plus grand intérêt; elle a surtout admiré la disposition des monumens, et leur classification. Chacun d'eux a été pour elle un livre historique et un traité de morale sur lequel elle s'est entretenue longtems avec l'administrateur.

En examinant les monumens de François Ier, d'Anne de Montmorency et celui du cardinal de Richelieu, Sa Majesté a montré la connaissance la plus approfondie des arts ; elle a développé, dans ses observations, la critique la plus savante. Sa Majesté a bien voulu se reposer ensuite dans la salle du dix-septième siècle, qui était préparée pour la recevoir. Le buste de Napoléon, le héros de tous les siècles et de tous les âges, y était placé au centre, et couronné de laurier. Des chants d'allégresse en l'honneur de ces augustes souverains se sont fait entendre pendant le repos de Sa Majesté.

Cette salle était tendue de tapisseries, de manière qu'elles servaient de fond aux monumens. Les pavés

lettres et dans l'histoire, instruit et connaisseur dans les beaux-arts, frappé de la beauté de notre collection, m'a honoré de son estime et m'a traité avec une

---

garnis de tapis magnifiques, rendaient la salle extrêmement salubre. Enfin cette pièce, éclairée comme le salon le plus magnifique, offrait l'aspect le plus imposant. Le buste de Napoléon se détachait sur un fond de draperie à l'antique qui séparait la pièce en deux parties, de manière que la musique, qui devait se faire entendre, était masquée ainsi que les chœurs. L'autre partie de la salle, décorée de sophas et de fauteuils, était uniquement consacrée à Sa Majesté l'Impératrice et à sa cour. Lorsque Sa Majesté est entrée dans cette salle, l'orchestre et les voix réunies ont fait entendre le beau chœur d'Iphygénie en Aulide; les chœurs et les chants faits en l'honneur de Napoléon le Grand et de son auguste épouse ont été chantés de suite. Le tout s'est terminé par la lecture d'une pièce de vers faite par M. Gabé, neveu de l'administrateur. La reprise du chœur d'Iphygénie a terminé le tout. Ce chœur s'est prolongé jusqu'au moment que Sa Majesté est montée en voiture.

Sa Majesté a témoigné sa satisfaction de la manière la plus flatteuse aux artistes chargés de ce concert, ainsi qu'à l'administrateur qui avait ordonné cette fête et qui avait eu l'honneur de l'accompagner.

distinction marquée. C'est donc, dans une approbation juste, dans une faveur

---

PIÈCE DE VERS

Faite en l'honneur de Sa Majesté l'Impératrice des Français, Reine d'Italie, à l'occasion de la visite qu'elle est venue faire du Musée des Monumens français, aux flambeaux.

Paroles de M. Gabé. La Musique de la partie chantée a été composée par M. Wuyet.

RÉCITATIF.

Que vos voix se réunissent ;
Élevez jusqu'aux cieux
Vos accords harmonieux :
Qu'à vos nobles accens ces voûtes retentissent ;
L'épouse d'un héros apparaît en ces lieux.

CHŒUR.

Que nos voix se réunissent ;
Élevons jusqu'aux cieux
Nos accords harmonieux :
Qu'à nos nobles accens ces voûtes retentissent ;
L'épouse d'un héros apparaît en ces lieux.

noble, grande et distinguée, que le savant et l'artiste peuvent trouver la récompense de leur travail.

AIR.

Tandis qu'au milieu des alarmes,
Bravant les périls et la mort,
NAPOLÉON fixe le sort
Des peuples soumis par ses armes;
Que, multipliant ses succès,
Bientôt il va rendre aux Français
La paix et tous ses charmes :

(*La partie ci-dessus a été chantée par Madame et M. Derivis, Musiciens de la Chapelle de Sa Majesté.*)

De son trône le digne appui,
Compagne aimable de sa gloire,
Son épouse sait, comme lui,
Par des chemins plus doux marcher à la victoire.

Apanage de sa beauté,
Plaire à nos yeux est son partage ;
Mais à nos cœurs, par sa bonté,
Elle plaît encor davantage.
Dépouillant toute la fierté
De l'éclat qui l'environne ;
N'en gardant que la majesté,
Elle dépose sa couronne,

AVANT-PROPOS.

Nous avons également traité, dans les volumes précédens, des costumes, de

---

Et daigne ici sourire à la gaîté.
Ce n'est plus le luxe dout brille
Celle qui d'un héros suit les pas triomphans ;
C'est une mère de famille
Qui vient visiter ses enfans.

CHŒUR.

Des chants de la reconnaissance,
A l'envi remplissons ces lieux :
Puissent-ils exprimer combien nous rend heureux
Son auguste présence !

PIÈCE DE VERS

Faite en l'honneur de Sa Majesté l'Impératrice et Reine, et prononcée le 8 avril 1807, au Musée des Monumens français, dans la salle du XVIIe siècle, dite salle de Louis XIV, par M. Gabé.

Durant le beau siècle où nous sommes,
Siècle fameux par ses grands hommes,
Où le génie et la beauté
Tour à tour fixaient son hommage,
Et qui nous étonnerait davantage,
Si le nôtre n'eût existé ;

l'architecture, de son origine, des variations qu'elle a éprouvées dans son style par les émigrations des Français et par

---

  On compta des femmes aimables,
  Mais pas une qui sût régner ;
  De ces femmes douces, affables,
  Sûres toujours de nous gagner ;
  Que l'on aime, que l'on admire,
  Et dont le bienfaisant empire
  Est celui de l'humanité ;
Qui savent aux beaux arts, que leur regard inspire,
  Prêter un appui mérité ;
Et par leurs doux succès s'unissant à la gloire
D'un héros valeureux qu'a choisi la victoire,
Volent, dignes de lui, vers la postérité :
  Mais par votre auguste présence,
  En ce jour de reconnaissance,
Vous rendez la splendeur à ce siècle imparfait,
Puisqu'il retrouve en vous tout ce qui lui manquait.

 Pour consacrer à jamais un fait aussi mémorable pour moi et pour ma famille, j'ai cru devoir en donner tous les détails dans mon Ouvrage.

 Un événement malheureux a frappé de regrets tous les Français, dans la perte de Napoléon Charles, mort en Hollande, à l'âge de quatre ans et six mois, le 5 mai 1807, fils de Napoléon-Louis Bonaparte, roi de Hollande. M. Gabé a composé une pièce de vers sur ce triste événement, qu'il a eu l'honneur de

l'influence qu'elle a pu recevoir de l'état politique dans lequel le Gouvernement se trouvait aux époques dont nous avons

---

présenter à S. M. l'Impératrice et Reine. Cette illustre princesse a daigné recevoir ce témoignage de la fidélité de son sujet, avec cette bonté touchante qui lui est si naturelle.

Nous avons cru devoir introduire ici ce morceau, parce que cet événement, touchant pour nous, a suivi de près la fête que l'on vient de décrire.

STANCES.

Qui l'eût dit, au milieu des accens d'allégresse,
Quand j'osai vous chanter pour la première fois,
Qu'un jour de deuil viendrait, où la sombre tristesse
    Inspirerait ma voix !

Quel spectacle ! Celui qui calma nos alarmes,
L'épouse d'un héros sans cesse triomphant,
Vaincus par la douleur, arrosant de leurs larmes
    La tombe d'un enfant !

Encor si, plus longtems, soigneux de sa mémoire,
Le ciel eût de ses jours conservé le flambeau !
Tout présageait qu'il eût échappé, par sa gloire,
    A l'oubli du tombeau.

Mais non : et c'est en vain, qu'appui de son enfance,
Sa mère, de ses soins, protégeait son berceau ;
Il meurt ! heureux du moins d'ignorer l'espérance
    Du destin le plus beau.

parlé; mais nous avons cru devoir nous étendre davantage dans celui-ci pour compléter l'histoire de nos arts. Le costume emprunte aussi ses formes et ses couleurs de la situation de l'état civil et de la morale publique : j'ai particulièrement décrit dans mon livre comment l'architecture arabe, appelée sans raison *gothique*, s'était introduite dans nos contrées, vers le neuvième siècle, à la suite des croisades, et comment elle prit la place de l'architecture lombarde, introduite sous la seconde race de nos rois

---

Ah! que puisse le Dieu qui tient nos destinées,
Devenu désormais plus propice pour nous,
Des jours qu'il devait vivre augmenter les années,
  De vous, de votre époux !

Images de sa vie, ornez son mausolée ;
Roses, de vos parfums, exhalez les douceurs ;
Hélas! plus d'une fois, sa mère désolée,
  Vous baignera de pleurs.

Qu'elle apprenne, du moins, que du sort trop fragile,
Comme elle, nous avons déploré la rigueur,
Souffrant de n'apporter qu'une plainte stérile
  Pour calmer sa douleur !

par l'empereur Charlemagne. On trouvera dans l'introduction de cet Ouvrage des détails suivis sur les différentes variétés que cet art a éprouvées en France.

Quand on saura que cette architecture ancienne, appelée *gothique*, on ne sait pourquoi, nous a été transmise par les adorateurs du Soleil, des planètes et de la nature, on ne sera plus surpris de voir les signes du Zodiaque, et tous les emblêmes qui sont relatifs à ce culte primitif, orner nos temples arabes ou sarrasins, comme le prouvent encore le portail de Notre-Dame de Paris, celui de Strasbourg, et notamment l'église de l'abbaye de Saint-Denis, qui, dans son intérieur, nous faisait voir les emblêmes du culte de Bacchus. La ressemblance qui existe entre l'allégorie ancienne de Bacchus et la légende de notre saint Denis est telle, qu'il y a aussi un culte particulier pour la tête de saint Denis, comme il y en avait un chez les anciens pour la tête de Bacchus ; culte qui, dans l'une comme dans l'autre adoration, n'a rien de commun avec celui qu'on adresse au reste du corps. Cette tête de Bacchus, séparée du tronc que l'on retrouve sur une grande quantité de monumens antiques, et sur le beau vase de sardoine qui est conservé dans notre bibliothèque impériale, se nomme *Céphallène*. Bacchus avait en Grèce une statue que l'on appelait *Céphallenite*.

En suivant les progrès de l'architecture en France, jusqu'à nos jours, je ferai connaître tout l'avantage dont jouissent nos artistes modernes, et combien ils sont redevables au génie sublime qui gouverne la France, à ce héros qui, alors même qu'il commande ses armées en personne et qu'il brave les foudres cruelles de la guerre, sait encore consacrer quelques instans aux arts, dispenser des récompenses, ordonner des monumens, il est vrai, moins durables que sa gloire (1).

---

(1) Son Excellence le Ministre de l'Intérieur et

xxij   AVANT-PROPOS.

Alexandre, César et Charlemagne survivent aux monumens de marbre et de bronze qu'ils ont élevés; Napoléon, plus

---

M. Denon, directeur général du Musée Napoléon, sont collectivement chargés de faire exécuter un nombre considérable de tableaux, de statues et de monumens publics qui attesteront à jamais la gloire du chef illustre qui gouverne la France, et qui fixeront aussi, d'une manière remarquable, le choix qu'il a fait des personnes qui doivent les diriger.

DÉCRET IMPÉRIAL.

De notre camp impérial de Posen, le 2 décembre 1806.

NAPOLÉON, Empereur des Français et Roi d'Italie, avons décrété et décrétons ce qui suit :

ART. Ier. Il sera établi, sur l'emplacement de la Madelaine de notre bonne ville de Paris, aux frais du trésor de notre couronne, un monument dédié à la grande armée, portant sur le frontispice : L'EMPEREUR NAPOLÉON AUX SOLDATS DE LA GRANDE ARMÉE.

II. Dans l'intérieur du monument seront inscrits, sur des tables de marbre, les noms de tous les hommes, par corps d'armée et par régiment, qui ont assisté aux batailles d'Ulm, d'Austerlitz et d'Jena, et sur des tables d'or massif, les noms de tous ceux qui sont morts sur les champs de bataille. Sur des tables d'argent sera gravée la récapitulation, par département, des soldats que chaque département a fournis à la grande armée.

III. Autour de la salle seront sculptés des bas-reliefs où seront représentés les colonels de chacun des régimens de la grande ar-

grand que ces illustres conquérans, s'étend dans la postérité et s'empare en avance de l'éternité.

mée, avec leurs noms; ces bas-reliefs seront faits de manière que les colonels soient grouppés autour de leurs généraux de division et de brigade par corps d'armée. Les statues, en marbre, des maréchaux qui ont commandé des corps, ou qui ont fait partie de la grande armée, seront placées dans l'intérieur de la salle.

IV. Les armures, statues, monumens de toute espèce enlevés par la grande armée, dans ces deux campagnes; les drapeaux, étendards et tymbales conquis par la grande armée, avec les noms des régimens ennemis auxquels ils appartenaient, seront déposés dans l'intérieur du monument.

V. Tous les ans, aux anniversaires des batailles d'Austerlitz et d'Jena, le monument sera illuminé, et il sera donné un concert, précédé d'un discours sur les vertus nécessaires aux soldats, et d'un éloge de ceux qui périrent sur le champ de bataille dans ces journées mémorables.

Un mois avant, un concours sera ouvert pour recevoir la meilleure pièce de musique analogue aux circonstances.

Une médaille d'or de 150 doubles Napoléons sera donnée aux auteurs de chacune de ces pièces qui auront remporté le prix.

Dans les discours et odes, il est expressément défendu de faire aucune mention de l'Empereur.

VI. Notre ministre de l'intérieur ouvrira sans délai un concours d'architecture pour choisir le meilleur projet pour l'exécution de ce monument.

Aucun souverain de l'Orient n'a ordonné un monument aussi magnifique. Les concours ont été ouverts pour son exécution. MM. Vignon, Baumont, Peyre neveu, et Gisors, ont remporté des prix. M. Vignon doit exécuter le monument.

L'empereur Napoléon a pris pour arme une aigle; ne pourrait-on pas y ajouter un serpent formant un cercle, symbole de l'*éternité*. L'aigle, l'épervier ou le phénix était consacré à Jupiter; il désigne la force, il est l'image du bon *principe*, du *Dieu*, source de tout *bien*, chef d'*ordre* et de *justice*, principe de *sagesse*, et de toute espèce de *perfection*: « La majesté de l'aigle, la force et la » hardiesse de son vol, dit Porphyre, » peignent la majesté du maître des » Dieux. » Le serpent, représenté comme un cercle parfait, ou qui se mord la queue, est une manière des Égyptiens d'exprimer hiéroglyphiquement l'éternité. Le serpent céleste fixe les deux hémisphères; c'est pour cette raison qu'on lui donne la forme d'un cercle; il est l'image du zodiaque, sur lequel tourne continuellement le soleil. Les Égyptiens représentaient quelquefois l'éternité par un globe ailé entouré d'un serpent. Cette invention, doublement allégorique, est fort ingénieuse. Le globe représente le monde ; la division des hémisphères est représentée par le serpent, comme elle l'est effectivement dans le ciel, et les ailes qu'on y ajoute sont l'image du Tems : elles expriment très-bien la rapidité avec laquelle le Tems traverse les siècles. Nous pourrions nous étendre davantage sur ce que les anciens exprimaient par les ailes qu'ils accordaient à la majeure partie de leurs divinités ; mais nous aurons occasion de traiter cette matière plus au long dans notre dictionnaire mythologique que nous publions avec gravures, et dont le premier volume est au jour (1). On voit clairement par ce qu'on vient de lire, que la liaison des deux allégories de l'*aigle* et du *serpent* en cercle, convient très-bien pour peindre la *force*, le *génie* et l'*immortalité* de Napoléon.

---

(1) Il se vend chez M. Guyot, graveur, rue des Mathurins Saint-Jacques, n° 12, à Paris.

Au moment de nos immortelles victoires en Prusse et en Pologne, on a remarqué qu'en se plaçant au méridien de Paris, c'est-à-dire, au moment où le soleil est pour nous au zénith de son exaltation ; qu'en portant d'abord ses regards au ciel, et les dirigeant ensuite sur la ligne de la Prusse et de la Pologne, toujours en suivant cette ligne jusqu'à l'horizon, on voit s'élever les constellations de l'*Aigle* et de l'*Hercule*, armé de sa massue, qui semblent s'élancer de la terre dans les cieux et planer majestueusement au dessus des contrées nouvellement conquises par l'empereur des Français. C'est ce que donnent effectivement les points rapprochés des globes célestes et terrestres.

J'ai dit que les arts éprouvaient des révolutions comme les empires : ce sont aussi ces révolutions, pour ainsi dire périodiques en France, en comptant chaque siècle pour une époque, dont j'ai voulu tracer la marche dans le Musée que j'ai formé, et dont j'ai essayé de rendre compte dans l'ouvrage qui le décrit et qui contient les gravures des monumens qu'il renferme. On voit dans notre Muséum, combien les guerres politiques et civiles furent nuisibles aux progrès des beaux-arts; mais le génie supérieur qui dirige le dix-neuvième siècle, à l'aide des lumières et des sciences qu'il possède, éclaire le monde, adoucit les mœurs, pose les fondemens d'une politique toute nouvelle, dont le résultat sublime ne peut être qu'un concordat universel. Les dissentions politiques et religieuses n'arrêtent plus les correspondances qui peuvent servir aux progrès de l'esprit humain ; son esprit prévoyant, loin de les proscrire, les favorisent (1). Que ne doit-on

---

(1) Pour donner la preuve la plus convaincante de ce que nous avançons ici, qu'il nous soit permis seulement de rapporter la lettre que nous adresse un ami des arts, qui habite au delà des mers, qui brûle du desir de connoître notre Muséum, qu'il n'a vu que dans nos livres. Cette lettre amicale, dans un moment où toutes les com-

AVANT-PROPOS.

pas attendre de ce degré de civilisation ! C'est bien là le cas d'appliquer ces vers de M. Lebrun :

> France heureuse, quelle est ta gloire !
> Tu vois les chefs-d'œuvres des arts
> Conquis des mains de la victoire,
> Embellir tes nobles remparts.

---

munications paraissent interceptées au dehors, prouvera jusqu'à quel point la conduite des savans et leur persévérance, pour agrandir le cercle de leurs lumières, est remarquable dans les circonstances les plus difficiles.

A MONSIEUR LENOIR, ADMINISTRATEUR DU MUSÉE DES MONUMENS FRANÇAIS.

MONSIEUR,

JE n'ai pu lire votre ouvrage, portant le titre de Musée des Monumens français, sans en être pénétré d'admiration, et sans regréter vivement que le malheureux état de nos deux nations, entr'elles, m'empêche d'aller visiter les lieux qui renferment les précieux restes d'antiquité que votre zèle et votre amour pour la science ont fait échapper à la destruction. Ce serait une sorte de trève aux calamités de la guerre, que de pouvoir *flagrante bello* ouvrir une communication, et établir une correspondance d'un pays à l'autre, pour les objets purement relatifs aux arts. Tel est le motif, Monsieur, qui me fait hasarder de vous adresser cette lettre, sans savoir si elle aura le bonheur de vous parvenir. Ayant vu dans votre traité le nom du *peintre Janet*, je m'empresse de vous annoncer que je possède un grand nombre de dessins de la main de ce maître. Ce sont des portraits des principaux personnages qui existaient en France, sous les règnes dans

AVANT-PROPOS.

Desirant donc compléter notre ouvrage sur le Musée des Monumens français, nous avons pensé que les gravures et la description d'une suite de portraits originaux des hommes et des femmes célèbres que nous avons réunis, ne se-

lesquels il a fleuri. Ces dessins viennent d'un achat fait à Florence, vers le commencement du dernier siècle, et on les a faussement attribués à Holben, qui, je crois, n'étoit pas le peintre de portrait en France. Nous avons ici des graveurs qui ont entrepris de les mettre, par mes soins, au jour. Vous verrez, Monsieur, dans les impressions que je vous envoie, le premier essai de cette entreprise. Je me flatte que vous voudrez bien les accepter comme un juste hommage que je dois rendre à vos talens, et au mérite d'avoir cherché par tant de travail à conserver des monumens si essentiellement liés aux progrès des arts, et si propres à faciliter les recherches historiques. Ma collection comprend plus de cent cinquante têtes, le plus grand nombre avec les noms des personnages qu'elles représentent, mais quelques-unes sans les noms.

Jusqu'à ce que des tems plus heureux me permettent de pouvoir satisfaire l'ardente curiosité que vos travaux ont fait naître en moi, et d'aller vous saluer à Paris, en personne, je ne puis que vous assurer de la considération et du respect avec lesquels je suis,

Monsieur,

Votre très-humble et très-obéissant serviteur.

Signé CARLISLE, *Chevalier de l'Ordre de la Jarretière.*

Londres, 1806.

raient pas vues sans intérêt, puisqu'il s'agit, dans ce livre, de retracer les traits d'Héloïse et d'Abélard, et les portraits du chevalier Bayard, d'Agnès Sorel, de la pucelle d'Orléans, de Charles VII, d'Isabeau de Bavière, du roi François Ier, de ceux de ses enfans, de celui de Diane de Poitiers, du malheureux Coligny, des Guises, etc., et généralement de tous les personnages qui peuvent attirer l'attention de ceux qui s'occupent particulièrement de notre histoire.

Nous bornons donc notre collection à la publication des tableaux dont nous avons réunis nous-mêmes les originaux dans notre Muséum. La majeure partie de ces portraits est faite d'après nature, et peinte par François Janet, dit Clouet, Corneille de Lyon, Porbus, etc. Cette collection précieuse servira aussi à la connaissance des costumes français, dont nous avons déjà donné des descriptions, en observant scrupuleusement ce qui nous a été prescrit, soit par l'influence des événemens politiques sur les modes françaises, soit par les lois et les usages qui les avaient consacrés, ou par les innovations que certains particuliers admettaient dans leurs vêtemens.

Un écrivain moderne a dit qu'on ne pouvait attribuer l'origine ou l'invention des costumes qu'à quatre causes premières : 1° à la *nécessité*; 2° à la *pudeur*; 3° au *desir de s'embellir*; 4° au *penchant*; 5° à la *vérité*. Ces vérités ne sont pas sans doute sans appel. On croirait d'abord que l'invention de se vêtir a dû naître du desir de se garantir du *froid* comme de l'extrême *chaleur*; cependant on voit certains habitans du Nord et du Midi se passer de vêtemens, et vivre tout nus. Nous dirons aussi que la *pudeur*, qui, chez les femmes, captive tous les hommes, tels qu'ils soient, est le résultat de la civilisation, et qu'elle n'est point innée dans l'espèce. Nous pensons donc qu'en considérant l'envie de plaire comme un sentiment naturel à l'un et à l'autre sexe, nous trouverons, là seulement, la véritable origine des habillemens, et par conséquent de la parure ou des *costumes*, puisque nous voyons les hommes et les femmes les plus policés, comme les plus sauvages, en faire leur principale occupation. Tout ceci nous prouve de reste que l'histoire des costumes des nations peut servir à connaître quel est leur état moral.

CONSIDÉRATIONS

GÉNÉRALES

SUR LES ARTS EN FRANCE.

Les arts et les sciences sont enfans du génie; ils servent à la gloire des gouvernemens et au bonheur des peuples. Le génie est un don de la nature, qu'elle dispense au hasard, et qu'il est bon de cultiver. Les arts peuvent se diviser en deux genres; je veux dire, en arts d'*invention* et en arts d'*imitation*. L'invention est le résultat du génie, et l'imitation celui de la pratique. Les arts d'imitation réunissent très-souvent les deux genres à la fois, *invention* et *imitation*. La poésie, la peinture, la sculpture et la musique sont dans ce cas-là. Le peintre de portrait, de fleurs, ou le peintre de ce qu'on appelle *nature morte*, imitent simplement la nature, comme fait le sculpteur ornemaniste. Le poète, le peintre d'histoire, le statuaire et le musicien compositeur, inventent et imitent. La poésie, comme ses sœurs la peinture, la sculpture et la musique, est considérée comme un art d'invention ; c'est aussi pour cette raison qu'ils ont reçu l'un et l'autre le titre de *beaux-arts*.

Les beaux-arts, dans les gouvernemens civilisés, sont des pierres précieuses qui fondent la richesse publique, et qu'il convient d'entretenir dans les grandes cités. Ils font l'ornement du trône dans les monarchies, honorent le pouvoir dans les républiques, et captivent les sens de tous les hommes bien organisés. Leur culture particulière occupe agréablement la vie, procure des sensations délicieuses, rend l'esprit indépendant, console dans le malheur ; et donne aux hommes des jouissances qui leur sont personnelles.

Les sciences se divisent aussi en deux classes, c'est-à-dire, en *savoir* et en *art pratique*. Le savoir et l'art pratique, au premier coup d'œil, semblent essentiellement liés l'un à l'autre : cependant, il est des choses, dans ce qu'on appelle généralement les sciences, qui appartiennent uniquement au savoir, comme il en est aussi qui appartiennent seulement à l'art pratique. L'histoire, ou l'art d'écrire les faits historiques ou les événemens remarquables qui se passent sous nos yeux pour les faire passer à la postérité ; l'art de décrire les monumens qui nous restent de l'antiquité et sauvés du naufrage des révolutions ; l'art des mathématiques ou de réduire tout à des règles certaines, etc., sont des arts qui appartiennent exclusivement au *savoir*. La chimie, la physique, la botanique, même l'histoire naturelle, exigent à la fois du savoir et de la *pratique*, ce qui est beaucoup mieux exprimé par le mot *manipulation*. Les arts mécaniques et ceux des fabriques tiennent plus essentiellement et plus que les autres arts à ce que l'on entend par manipulation. Ces arts sont principalement applicables aux commodités de la vie, par conséquent, ils doivent être subordonnés aux besoins de l'homme.

Les sciences en général se divisent à l'infini ; elles stimulent l'industrie, et alimentent le commerce : je les compare à un fleuve qui roule ses eaux dans des milliers de canaux qui, par ses subdivisions, féconde plusieurs provinces à la fois. L'étude des sciences, et leurs progrès dans un empire, servent singulièrement la civilisation. La mémoire facilite les progrès qu'un sujet peut faire dans l'étude des lettres, des sciences ou des arts.

La mémoire est une propriété individuelle dont la perfection vient d'une parfaite organisation du cerveau, et dont le succès complet dépend d'une culture soignée et suivie.

Les lettres, les arts d'invention, d'imitation, et les sciences en général, sont essentiellement liés par des rapports directs. L'étude particulière de chacune des parties qui constituent les sciences et les beaux-arts, est également nécessaire à suivre et à connoître en particulier, même pour les pratiquer séparément ; car, si on veut atteindre la perfection dans l'une ou dans l'autre des sciences dépendant du savoir ou de la manipulation, ou des arts, soit d'invention, soit d'imitation, il est impossible d'atteindre cette perfection sans la participation de chacune d'elles. Il est reconnu que l'architecte doit savoir les mathématiques, la géométrie, la stéréotomie, l'histoire naturelle, principalement dans la partie qui comprend la connaissance des matières qu'il doit employer, comme il doit connaître les arts propres à la décoration. Le peintre d'histoire doit embrasser toutes les sciences ; il invente avant d'imiter, il est historien, géographe, dessinateur et architecte tout à la fois, et pour imiter parfaitement la nature, il doit mettre encore la chimie à contribution, pour la fabrication de ses couleurs. Le statuaire doit joindre à la parfaite connaissance du dessin et des formes, l'art du bas-relief, qui embrasse aussi de grandes connaissances. Le poète a besoin de connaître les arts, s'il ne veut pas se tromper dans les descriptions qu'il donne des chefs-d'œuvres des grands artistes, et s'il veut parler des arts comme il convient. Léonard de Vinci était aussi savant écrivain qu'il était grand peintre et habile sculpteur. Michel-Ange, l'un des plus beaux génies du quinzième siècle, était poète, peintre, sculpteur sublime et savant architecte. Un siècle plus tard, la France a eu aussi ses hommes extraordinaires dans les arts ; Pierre Lescot, dont on admire au Louvre les savantes productions, balance l'antiquité dans les détails de son architecture ; Jean Goujon est peut-être le seul sculpteur qui ait su marier avec élégance la sculpture avec l'architecture. Jean Cousin, peintre, anatomiste, sculpteur, graveur et géomètre, ne possédait-il pas parfaitement tous ces arts à la fois ? Philibert Delorme, considéré comme un de nos maîtres de l'art, n'a-t-il pas perfectionné notre architecture. Bernard Palissy (1), simple potier de terre, ne réunissait-il pas la véritable science à la plus parfaite manipulation dans toutes les choses qu'il a entreprises? Titien, Paul Véronèse et Rubens, peintres célèbres et les plus grands coloristes connus, étaient d'habiles chimistes et fabriquaient eux-mêmes leurs couleurs. Il résulte de toutes ces observations, qu'un élève qui veut atteindre la perfection dans chacun des arts, ou dans chacune des sciences qu'il embrasse, a beaucoup d'études à suivre avant d'arriver au talent qui donne l'immortalité.

Déroulons à ses yeux la nomenclature des chefs-d'œuvres de nos habiles maîtres; essayons à lui donner des idées sur les différens genres d'architecture pratiqués en France, et cherchons en même temps à lui faire connaître ce que nos premiers artistes français ont puisé chez les orientaux.

---

(1) Bernard Palissy est l'un des hommes le plus extraordinaires de son siècle; de simple potier de terre qu'il était, il s'adonna à l'étude des sciences, et y devint tellement supérieur, qu'il a laissé des mémoires que l'on considère encore comme des ouvrages élémentaires. Il florissait en 1584, et avait alors soixante ans. Fontenelle dit qu'*il étoit aussi grand physicien que la nature puisse en former.*

De l'introduction, en France, de l'architecture arabe, appelée Gothique.

L'ÉTAT des arts, chez un peuple, sert à connaître son état moral et le degré de civilisation dans lequel il vit. Si nous suivons, d'un œil observateur, les arts chez les anciens comme chez les modernes, nous verrons partout que l'homme invente difficilement, et nous reconnaîtrons bientôt qu'il emprunte communément de ses voisins, et plus souvent encore des peuples chez lesquels il s'établit, ou de ceux qu'il a vaincus, ce qui lui est nécessaire comme ce qui peut servir à son illustration.

Les Egyptiens, les Chinois, les Perses et les Grecs ont imprimé à leur architecture un caractère qui leur est particulier, et qui la distingue d'une manière bien marquée de celle des autres peuples de la terre. Les Grecs ont amélioré et perfectionné l'architecture par l'invention des *ordres*, en les soumettant à des mesures calculées entr'elles et basées d'après les belles proportions du corps humain, qu'ils ont également soumis à des règles géométriques. On leur doit en général la perfection des arts dans tous les genres. Nous remarquerons encore que l'enfance de l'art chez les Grecs ressemble beaucoup à l'art perfectionné des anciens Perses. Si on compare les ouvrages du premier style de l'art chez les Grecs, avec ceux des anciens Perses, on aura bientôt la preuve de ce que j'avance.

Les Romains, dans les arts dépendant du dessin, sont seulement imitateurs, comme nous le sommes nous-mêmes; on leur doit cependant l'invention de l'ordre *composite* (1), comme on doit l'ordre *toscan* aux Etrusques, peuple sur l'origine duquel les opinions sont encore partagées, mais que l'on peut considérer, sans blesser les convenances, comme une colonie grecque. On sait que les Romains employaient des artistes grecs pour l'exécution de leurs statues et de leurs monumens d'architecture : ce qui m'autorise à croire que c'est encore à des artistes grecs que nous devons l'invention des ordres d'architecture dont nous venons de parler.

---

(1) L'arc de Titus est le monument le plus ancien qu'on connaisse qui soit composé dans les proportions de *l'ordre composite*.

La conquête des Gaules, par Jules-César, nous a également donné l'architecture grecque dégénérée; ce qui est bien prouvé par les ruines des anciens monumens que les Romains ont élevés pendant leur séjour dans nos contrées, et que l'on trouve encore dans des départemens de la France. L'empereur Justinien, qui vivait dans le sixième siècle, bâtit plusieurs villes et un grand nombre de basiliques, parmi lesquelles on admire encore à Constantinople la belle mosquée de Sainte-Sophie. Ce temple, construit, décoré même par des artistes grecs, passe pour un des plus magnifiques qu'il y ait, et si nous en donnons la description (1), c'est pour faire connaître la magnificence qui était observée

---

(1) *Note sur la mosquée de Sainte-Sophie à Constantinople.* *

(Cette note est un extrait de celle qui nous a été adressée en messidor an 11 par M. Parendier, secrétaire d'ambassade à Constantinople.)

Tout homme qui n'est pas musulman ne peut entrer dans une mosquée sans un firman ou ordre par écrit

* Le nom de *mosquée* vient d'un mot arabe qui veut dire *oratoire*.

alors dans l'architecture; d'ailleurs, on connaît de reste les raisons politiques qui ont

---

du sultan. Je me suis servi une fois d'un pareil ordre pour voir les principales mosquées de Constantinople. Je dis ici quelques mots sur Sainte-Sophie, la plus ancienne, la plus intéressante, et qui paraît avoir servi de modèle aux autres mosquées.

Les historiens de Byzance racontent des choses incroyables de ce grand et magnifique édifice. Les Grecs modernes s'abandonnant à leurs exagérations, regardent ce temple comme supérieur à tous les temples connus.

Ce fut sous Justinien que les premiers fondemens de l'église Sainte-Sophie furent jetés. On y travailla pendant huit ans et cinq mois. Trois cent vingt mille livres pesant d'or ou d'argent (car les antiquaires ne sont pas d'accord sur ce point) furent employées pour l'acquisition et le transport des matériaux, et le paiment des ouvriers.

Ce qu'il y a de remarquable, c'est la coupole imitée des anciens qui ont eu quelques temples de forme sphérique. Mais celle de Sainte-Sophie, au lieu d'être posée sur le sol, pose sur quatre arcades, ce qui unit ainsi dans le même édifice la forme ronde à la forme quarrée. Le temple est en forme de croix suivant la coutume des chrétiens; mais ici c'est une croix dont les branches sont égales, forme mieux adaptée à la coupole, qui, placée au centre de la croix, conserve

amené en France le style de l'architecture orientale.

---

sa grace et sa légèreté en dedans, et présente au dehors les meilleures et les plus belles proportions.

En 556, vingt-un ans après la dédicace du temple, un tremblement de terre renversa le dôme. Il fut rétabli tel qu'on le voit aujourd'hui. Son applatissement, qu'on a beaucoup critiqué, a cependant un effet imposant. On dit que l'architecte a voulu imiter la voûte des cieux ; il m'a paru que l'imitation est heureuse.

L'intérieur de la voûte, au dessous des fenêtres, est incrusté en mosaïque formée de petits dés d'une substance vitrifiée ressemblant au verre, et appelée par Vitruve *smaltum*. Elle est en forme de cubes d'environ un huitième de pouce, et parfaitement semblable à celles que nous avons recueillies de l'abbaye de Saint-Denis, dont on voit des fragmens dans ce Musée. Ce qui confirme bien mon opinion et celles de tous les auteurs qui ont avancé que nos anciennes églises sont une parfaite imitation des temples de l'orient bâtis par des Grecs modernes; introduction qui s'est opérée dans nos contrées par les croisades.

Les parties de cette mosaïque, qui forme les quatre figures colossales qui représentent les séraphins, sont d'un verre coloré, et celles qui forment la voûte qui présente une surface dorée, sont des morceaux de verre sciés, qu'on a adroitement réunis après avoir

CONSIDERATIONS GÉNÉRALES

On peut donc assurer que l'architecture en France, sous les rois de la première race,

---

placé entre les parties réunies une feuille d'or, qui donne une teinte dorée à toute la partie du fond de la mosaïque. Je suis parvenu à me procurer un débris de cette mosaïque vraiment curieuse.

Outre la grande coupole, il y a deux grands demi-dômes et six moindres. Le plan géométrique de l'édifice, du côté de l'est, était autrefois le sanctuaire qui contenait, dit-on, pour vingt-quatre millions d'ornemens et de joyaux. Les grands pilastres qui soutiennent la coupole sont en pierres de taille unies par des liens de fer, dont les joints sont remplis de plomb, et d'un ciment à chaux vive; construction que nous avons imitée depuis dans tous nos édifices sarrasins appelés *gothiques*. Cette description authentique vient à l'appui de ce que j'ai dit plus haut sur l'origine de nos constructions dites gothiques, exécutées en France à la suite des croisades, à l'imitation des temples de l'Asie construits par des Grecs modernes. Toutes les assises des pierres qui forment la construction de nos anciennes églises sont posées sur des cales de plomb, ce qui rend le tassement infiniment plus doux, quand il s'opère.

La masse de l'édifice est de brique, mais revêtue de marbre dans tout l'intérieur. La galerie environnante, anciennement réservée aux femmes, a soixante

était un alliage informe du style grec avec le goût barbare du temps. Sous l'empereur Char-

---

pieds de large ; elle est fermée par soixante-sept colonnes, dont huit sont de porphyre, qui avaient été employées dans le temple du Soleil à Rome, élevé par l'empereur Aurélien. Elles furent apportées à Constantinople par l'ordre de Constantin ; les six autres colonnes sont de jaspe vert, et viennent du temple de Diane à Ephèse.

Le dôme, éclairé de fenêtres placées très-près les unes des autres, et au nombre de vingt-quatre, porte sur quatre arcades liées à autant de demi-dômes en coupoles incrustées en mosaïque ; lesquelles, tenant ainsi à la grande coupole, donnent une étendue de voûtes qui est vraiment un prodige de l'art, et qui a un air de grandeur et un effet qui semble *plus qu'humain*. En cela, j'ai vu des Anglais et d'autres étrangers mettre Sainte-Sophie au-dessus de Saint-Pierre de Rome et de Saint-Paul de Londres.

Les anciens ornemens de l'intérieur sont fort dégradés, si l'on en excepte les nombreuses colonnes de porphyre et de jaspe, et la mosaïque du dôme. Les colonnes sont surmontées de chapiteaux mal assortis, qui paraissent imités grossièrement de l'ordre composite. Le tems et le mauvais goût des Turcs ont détruit et altéré ces ornemens, au lieu desquels on voit de grandes tables, où sont gravés en caractères arabes

lemagne, la civilisation française prit une forme en raison des établissemens favorables à l'instruction que ce grand monarque établit. Charlemagne, législateur habile, savant

---

les noms de *Dieu*, de *Mahomet*, et des quatre premiers califes, *Aboubeckre*, *Omar*, *Osman* et *Hali*. Du grand dôme sont suspendues une infinité de lampes de verre de diverses couleurs, mêlées de globes de cristal, d'œufs d'autruche et d'ornemens d'or et d'argent attachés à des cercles concentriques les uns dans les autres. La lumière de toutes ces lampes doit donner à cette immense concavité un effet prodigieux aux yeux des spectateurs : comme elles ne sont allumées qu'au moment de la prière, tems où les musulmans seuls ont l'entrée du temple, je ne puis que concevoir cet effet. Les quatre *minarets* qui accompagnent ce temple, en sont détachés et ont chacun une forme différente. Toutes les mosquées impériales sont distinguées par deux ou quatre *minarets*, les autres n'en ont qu'un ; la mosquée du sultan Achmet en a six, ce qui a été désapprouvé par les ulemahs, parce que le temple de la Mecque n'en a que quatre.

Menar ou *minaret* est un mot arabe qui signifie *fanal*. Les *minarets* sont illuminés pour les grandes fêtes du Baïram et du Ramazan. Chaque jour à midi, un iman monte à son sommet avertir à haute voix que l'heure de la prière est arrivée.

politique et grand conquérant, voulant renouveler l'esprit de ses sujets et attirer sur son règne les regards de la postérité, réunit dans son palais un nombre de professeurs habiles dont il forma, dit-on, les fondemens de notre illustre université ; opinion qui n'est pas généralement adoptée. Si j'examine les monumens publics de ce tems-là, je dirai que les arts, sous le règne de Charlemagne, se ressentirent bientôt des avantages que ce roi puissant procura à la nation entière, puisqu'il imprima pour la première fois un caractère de civilisation à toutes les classes de la société. Il est aisé de se convaincre qu'il introduisit le goût de l'architecture lombarde à la suite de ses conquêtes dans cette contrée ; ce que j'ai été à même de reconnaître dans l'église souterraine de Saint-Denis, dans une partie de celle de l'abbaye Saint-Germain-des-Prés de Paris, et notamment dans la totalité de l'abbaye de Cluny près Mâcon, que j'ai visitée avec le plus grand soin. Le style et le goût de l'architecture lombarde se maintint en France jusqu'au dixième siècle ; les ravages des Normands nous ont peu laissé des traces de cette belle architecture. Le règne de Charlemagne peut être considéré comme la première époque de nos arts et de nos sciences; son génie a su les tirer du chaos de l'ignorance.

Les croisades et les fréquens voyages que les Français firent en Syrie, introduisirent chez nous l'architecture *syrienne*, *arabesque* ou *sarrasine* ; architecture à laquelle on a donné sans raison le nom de *gothique*. Ce fut sous Louis XII que l'on commença à abandonner l'architecture asiatique, dont je viens de parler. Les architectes français, transportés en Italie sous le règne précédent, en rapportèrent le style et le goût des décorations que les Grecs imitèrent des Arabes, et auxquelles on a donné le nom d'*arabesques*. On ne peut douter que cette fois les belles peintures qui décorent les bains de Tite et celles dont la plupart des tombeaux antiques sont chargés dans leur intérieur, ont fait naître, aux artistes du quinzième siècle, l'idée de renouveler ce beau genre de décoration, dont on trouve aussi l'origine dans les monumens orientaux. Le grand Raphaël, employé à la décoration du Vatican par un pontife ami des arts, a su plier son génie à ce mode de peinture qu'il a rendu avec tant de supériorité, que ceux qui font des arabesques consultent et même copient ses compositions savantes. Il fallait donc tous les moyens de Raphaël pour réunir dans un genre aussi frivole le haut style à l'agrément, et la vraie noblesse à la légéreté. C'est sans doute à ces chefs-d'œuvres de l'art que nous devons les compositions arabesques qui ont couvert les monumens publics et particuliers dans le quinzième siècle. Le Musée des Monumens français nous fait voir de belles compositions arabesques dans différens genres, comme dans le tombeau de Louis XII dans le château de Gaillon, ce que nous avons fait remarquer dans nos précédens volumes. Sous l'ami des sciences et des arts, François Ier, les architectes introduisirent en France un style qui me paraît être celui qui convient le mieux à nos mœurs et à notre genre de civilisation ; aussi l'architecture de Pierre Lescot, de Jean Goujon, et de Philibert Delorme, est-elle admirée des connaisseurs ; et nous voyons encore aujourd'hui le château du Louvre, la fontaine des Innocens, et le palais que le roi Henri II fit construire à Anet pour Diane de Poitiers, et qui fut transporté depuis la révolution dans le Musée des

Monumens français, servir de modèles aux artistes, qui retrouvent dans l'un et dans l'autre de ces monumens précieux non seulement les principes de l'art, mais aussi la touche savante des grands-maîtres de l'antiquité. Dans le règne suivant, les architectes, pour plaire à la reine Médicis, femme du roi de France Henri IV, introduisirent dans leurs constructions le style florentin, comme nous le fait voir le palais du Luxembourg et la partie du Louvre bâtie sous son règne. L'abus de ce qu'on appelle *grandiose* dans les arts, devenu à la mode sous Louis XIV, fit que l'architecture ainsi que les autres arts dépendant du dessin s'en ressentirent, ce que nous avons fait connaître dans les volumes précédens, tome V, page 14, etc., et tome Ier, page 39, etc. Il nous suffira donc, pour en faire la critique, d'observer que ce qu'on appelle *la mode* en France, s'introduit dans tout et dirige beaucoup trop de choses. Pour le bien des arts et des lettres, il convient de l'apprécier à sa juste valeur, de l'abandonner exclusivement au sexe aimable qui sait l'appliquer avec tant de grace à sa parure, et à tout ce qui lui est personnel. Les portraits que nous publions dans cet Ouvrage nous présentent les costumes des hommes et des femmes célèbres des XVe et XVIe siècles, ainsi que les changemens qui s'y introduisirent par *la mode*. D'après mes observations, qu'il me soit donc permis de ne reconnaître pour architecture française que celle qui s'est faite sous François 1er; celle-là seule porte un caractère vraiment national. Enfin, nos artistes plus sages cherchent aujourd'hui, dans leurs constructions, les formes grecques et romaines, sans cependant les adapter aussi heureusement qu'ils pourraient le faire, parce que nos usages et la nature de notre climat s'y opposent.

L'architecture appelée *gothique* est véritablement une architecture *arabe* et *sarrasine*. Les palais, les mosquées, et mêmes les riches habitations des Arabes et des Turcs, nous montrent encore ce goût d'architecture. Les Sarrasins, originaires d'Arabie, tirent leur nom d'un mot arabe qui veut dire *brigander*, *voler*, etc. Ils étaient donc arabes et volaient ou brigandaient sur les chemins, comme ils le font encore aujourd'hui. Vers le septième siècle, s'étant retirés en Syrie après avoir embrassé la religion de Mahomet, ils se nommèrent des rois, et se rendirent puissans au point de se faire redouter. Formés en colonne mobile, ils parcouraient ainsi l'Afrique, l'Asie, et même l'Europe. L'Égypte, la Syrie et la Perse faisaient partie de leur empire; et l'on sait que c'est contr'eux qu'on imagina les croisades : on sait aussi que saint Bernard, sous le prétexte de faire la guerre aux Sarrasins, qu'il appelait des *infidèles*, cachait non seulement des intérêts politiques, mais encore qu'il en avait de particuliers. C'est aussi par une suite de la dévotion, qui était *la mode du tems*, et qui faisait marcher les Français jusqu'au fond de la Syrie, que les croisés, à leur retour en France, ont dû faire imiter la construction des temples que leur valeur restitua, au culte du vrai Dieu, ou plutôt au Dieu des chrétiens, pour en consacrer à jamais la mémoire. Les Sarrasins à leur tour furent vaincus par les Turcs, qui les réduisirent au point d'en détruire jusqu'au nom. Les Arabes donnent encore le nom de *sarrasins* à ceux d'entr'eux qui courent avidemment au butin, comme ils appellent *maures* les gens de travail qui restent dans les villes. On voit encore en Syrie les tombeaux des anciens rois de Jérusalem, bâtis par les Sarrasins, qui sont absolument dans le goût et dans le style de notre architecture gothique, ou plutôt arabe. M. Casas a dessiné ces monumens curieux, dont on voit les gravures dans le Voyage de Syrie qu'il publie; ces belles gravures nous servent d'autorité et confirment notre opinion à cet égard. L'architecture persanne et syrienne sont absolument dans le genre de notre architecture gothique. On trouve même dans l'architecture chinoise des ornemens qui sont fréquemment employés dans l'architecture gothique.

Les Sarrasins, devenus un peuple puissant et redoutable, après avoir fait la conquête de la Syrie et de la Perse, ont naturellement emprunté leur genre de construction de ce pays là. D'abord barbares, ils auront dû se servir, pour leurs monumens, des architectes persans ou syriens qui, sous leur domination, ont formé des élèves dans leur façon de bâtir, et auxquels ils ont nécessairement communiqué leur style et leur goût. Il n'y a donc point de doute que cette architecture est *arabesque* ou *sarrasine*, puisque c'est la même, et qu'elle a été introduite en France, ainsi que dans le nord de l'Europe, à la suite des croisades, comme elle avoit été portée en Espagne par les invasions et les conquêtes que les Sarrasins ou les Arabes firent dans cette contrée. Hakem, roi des Arabes maures en Espagne, mourut au commencement de 795; il avait bâti la mosquée on l'oratoire de Cordoue, qui sert encore de temple à l'usage du culte catholique ; on en a fait la cathédrale de la ville. La majeure partie des monumens de la Grenade ont été bâtis par les Arabes maures. On lit dans les Recherches historiques par Chénier, que le culte des Maures était tout astronomique : *Le principal culte des Maures*, dit-il, *a dû se borner à l'adoration du soleil, de la lune et des planètes, qui, par leur bienfaisance et par la régularité de leur cours, ont dû inspirer aux hommes les premières idées de la divinité.* Il ne faut donc pas nous étonner, si nous retrouvons des zodiaques complets, et en général tous les emblêmes du culte du soleil dans la plupart des ornemens et dans les sculptures qui décorent l'architecture arabe ou mauresque, que nous avons improprement appelée gothique, tels que ceux que nous avons remarqués sur les portails de nos églises chrétiennes, qui ont été bâtis à la même époque, comme on le voit dans le Musée des Monumens français, salles du treizième et du quatorzième siècle, et dans ce qui nous reste de l'ancienne église de sainte Geneviève, reconstruite vers le onzième siècle, dans laquelle j'ai découvert des chapiteaux et des ornemens parfaitement faits dans le goût des

Sarrasins. Si l'on en croit les anciennes chroniques, cette église renfermait les sarcophages du roi Clovis Ier, de la reine Clotilde, ceux de Théobald et de Gontran, ses fils. La démolition de cet édifice est projetée pour l'ouverture d'une rue. M. le conseiller d'État Frochot, préfet du département de la Seine, a ordonné qu'il serait fait des fouilles dans l'église avant de la livrer à la destruction. Messieurs Rondelet, membre de l'institut, et Bourla, architecte des domaines, ont été nommés commissaires pour surveiller ces fouilles. J'ai été appelé pour les assister. Il résulte de nos recherches, commencées le 10 mai 1807, que l'on a découvert vers l'extrémité du chœur, au pied du maître autel environ, quinze sarcophages placés irrégulièrement les uns sur les autres, comme pourrait le faire un bouleversement de terre. Quatre de ces sarcophages, en forme d'auges, fermés d'un couvercle en dôs-d'âne et ornés aux extrémités, suivant l'usage, de plusieurs petites croix sculptées en relief, disséminées au hasard et sans goût, sont en belle pierre franche, d'un grain très-fin et semblable à celle qu'on tirait encore, dans le douzième siècle, des carrières de la rue d'Enfer, qui produisaient aussi une pierre de liais superfine, avec laquelle le célèbre Montreau, architecte du roi Louis IX, a fait construire les beaux édifices de la Sainte-Chapelle, de la chapelle de la Vierge de Saint-Germain-des-Prés, dont j'ai transporté le portail dans ce Musée. Les autres sarcophages sont simplement en pierre tendre, dite lambourde, et en plâtre. Nous avons remarqué que ces tombeaux, recouverts en partie par des fondations ou des constructions faites à différentes époques, avaient été ouverts et par conséquent spoliés. Je ne serais pas éloigné de penser que les quatre principaux tombeaux en pierre, dont je viens de parler, ne soient véritablement ceux dans lesquels on avait originairement enfermés le corps du fondateur de l'édifice et ceux de ses enfans. Mais comment se permettre de l'assurer, puisque rien d'authentique n'est resté pour le constater? Il est certain que les restes de Clovis et ceux de la reine Clotilde furent religieusement recueillis et retirés de leurs tombeaux après le pillage que les Normands firent de cette église, et qu'ils furent déposés, vers l'an 1100, lors de la restauration de ce temple par le roi de France Robert le Pieux, dans le sarcophage que l'on avait élevé dans le chœur, et sur lequel on avait sculpté en relief, sur une forte pierre de liais, l'image du roi Clovis, que l'on voit aujourd'hui dans le Musée des Monumens français, salle du treizième siècle.

Il était d'usage de construire les sarcophages en plâtre en pleine terre, c'est-à-dire, dans la fosse même creusée exprès pour recevoir le corps. Cependant nous en avons remarqué plusieurs dans les fouilles de Sainte-Geneviève, qui ont été fabriqués d'avance et apportés ensuite sur les lieux ; ce qui prouve qu'il y avait des fabriques de ces sortes de cerceuils en pierre et en plâtre, comme les Romains en avaient de marbre, de terre cuite ou de toute matière, comme nous avons nos fabricans qui les font en bois. On trouve assez communément dans ces sortes de tombeaux des pots de terre ou de grès évasés par le haut. Ces pots, ou vases, dont on a long-tems ignoré l'usage, ne sont, selon moi, que de simples cassolettes, dans lesquelles, à l'aide du charbon allumé que l'on y déposait, on y brûlait de l'aloës ou de l'encens pour neutraliser la mauvaise odeur que pouvait répandre le corps du défunt pendant la durée des obsèques. Les corps se déposaient alors vêtus et à découvert dans la tombe qui était préparée pour les recevoir ; là, on leur rendait les honneurs funèbres et les derniers devoirs. C'est après les cérémonies religieuses qu'on fermait la tombe de son couvercle, sans en retirer les pots ou les cassolettes dont il s'agit, parce qu'elles avaient été bénies par le prêtre officiant, et qu'on les considérait en conséquence comme un préservatif des malins esprits : c'est pour cette raison qu'on a trouvé une certaine quantité de ces vases dans les fouilles que l'on vient de faire dans l'église Sainte-Geneviève. Ces vases ou petits pots funèbres, dont j'ai vu et découvert un grand nombre dans différens tombeaux placés dans divers lieux, sont toujours de la même forme et composés de la même matière, ce qui confirme l'opinion où je suis que l'usage en était généralement consacré, et qu'il y en avait des manufactures comme d'une marchandise d'un débit assuré. Il y a tout lieu de croire que l'usage d'inhumer les morts à découvert vient de ce que l'on ne tenait point de registre mortuaire, et que c'était la manière de constater publiquement le décès. C'était donc une espèce de confrontation publique qui attestait le genre de mort du personnage ainsi exposé. C'est encore l'usage en Italie de porter à l'église les morts à visage découvert. C'est au défaut des enregistremens mortuaires, si utiles aux familles, que l'on y a suppléé par les épitaphes et les longues inscriptions dont on avait couvert les murs de nos églises et de nos cimetières. Lorsqu'on a ouvert quelques-uns de ces anciens tombeaux, on a remarqué que les squelettes qu'ils renfermaient avaient conservé leur forme naturelle, mais qu'ils étaient couverts d'une superficie de sulfate de chaux en efflorescence, mêlé d'une grande quantité de petits cristaux. Ce genre de décomposition, assez extraordinaire, a rendu les os tellement friables qu'en les touchant ils se sont mis en poudre. Les os de deux de ces squelettes étaient teints, depuis les côtes jusqu'à la moitié des jambes, d'une couleur violette très-foncée, phénomène qui n'a pu être produit que par l'introduction d'un corps teignant ; ce qui m'a donné lieu de croire que ces restes étaient ceux de quelques abbés commandataires que l'on avait inhumés, suivant l'usage, avec leurs vêtemens ; que ces vêtemens étaient violet, et que l'humide, occasionné par la décomposition mélangée du corps et de l'étoffe elle-même, s'était infiltré lentement dans les os, préparés à le recevoir par leur propre décomposition. MM. Fourcroy et Vauquelin, membres de l'institut, auxquels j'ai donné des fragmens de ce squelette, n'ont pas vu sans étonnement ce phénomène ; mais ils pensent, d'après l'expérience qu'ils en ont, que la matière colorante, qui s'est épanchée ici sur les os du mort, est un résultat de la décomposition même du corps, au lieu d'être celui d'un corps étranger, comme je l'ai pensé.

L'église Sainte-Geneviève, fondée par Clovis Ier, l'an 500, sous l'invocation de saint Pierre et de saint Paul, fut bâtie sur une construction beaucoup plus ancienne, que l'on croit être encore ce que l'on appelle aujourd'hui l'église basse. Il n'y a dans tout cela de véritablement antique, que les bases sur lesquelles repose l'édifice ; et je ne partage point l'opinion de ceux qui voient dans l'église basse de Sainte-Geneviève, telle qu'elle existe, l'antique basilique sur laquelle le premier roi chrétien a fait construire son église. J'ai examiné sa construction et le style de son architecture, et j'ai reconnu qu'elle n'était pas même du tems de Clovis ; mais que c'était une ancienne construction restaurée, d'abord vers le onzième siècle, qui a été reprise ensuite dans des tems plus modernes. Cette chapelle renfermait trois tombeaux fort anciens, révérés des ames pieuses. L'un, composé d'une espèce de grès gris, extraordinairement chargé de mica, nommé *pierre de Tours* (1), passait pour être le sarcophage dans lequel on avait apporté de cette ville le corps de la reine Clotilde, qui y mourut l'an 548; l'autre, formé en pierre tendre, dite *lambourde*, de Nanterre, parce qu'on la tire dans les environs de ce village, passait pour être celui de sainte Geneviève. M. le curé de St.-Étienne-du-Mont a eu le soin de le recueillir pour l'exposer à la vénération de ses paroissiens. Clovis avait fait construire, près du temple de Sainte-Geneviève, un palais dans lequel il donnait des audiences publiques certains jours de l'année. Cette abbaye et le palais du roi Clovis étaient situés alors hors des murs de Paris.

On a remarqué dans les arrêtes des voûtes des anciennes églises chrétiennes, un biais qui tourne tantôt à droite et tantôt à gauche, biais qui n'a jamais été suffisamment expliqué. Les églises chrétiennes ont toutes la forme d'une croix, dont les croisillons sont plus ou moins allongés; et on dit que ce biais, qui se manifeste d'une manière très-sensible

---

(1) Il y a dans les environs de Tours des carrières qui fournissent une grande quantité de ce grès.

tantôt à droite, tantôt à gauche, à la volonté du constructeur, est fait pour représenter l'inclinaison que prit la tête de J.-C. au moment de son expiration sur la croix. Je pense, moi, que toutes les églises chrétiennes devant être orientées, les architectes, dans celles pour la construction desquelles ils étaient gênés, soit par le terrain, soit par l'alignement donné par la façade du portail ou de la porte d'entrée, ont dû nécessairement biaiser l'extrémité de la voûte, soit à droite, soit à gauche, pour aller chercher le point juste de l'orient. Cela est si vrai, que les voûtes des églises, pour la construction desquelles l'on n'a point été gêné par l'alignement, ne présentent point ce biais, qui serait rigoureusement observé s'il tenait, comme on l'a dit, à la représentation de la tête penchée de Jésus-Christ sur la croix.

Les Arabes et les Maures, comme je l'ai avancé plus haut, devenus maîtres de l'Asie et des bords septentrionaux de l'Afrique, passèrent de suite en Europe et se répandirent dans l'Espagne, dont ils firent la conquête. Ils y construisirent des palais, des temples et des monumens qui existent encore, et sur lesquels ils ont imprimé le caractère ineffaçable du génie oriental et le cachet remarquable de leur goût; c'est ce que nous retrouvons tout entier dans notre architecture appelée improprement *gothique*.

De la peinture et de la sculpture.

En examinant les sculptures et les peintures des premières époques de la monarchie française, nous y retrouvons tous les traits caractéristiques du génie oriental. C'est ce que nous démontrent évidemment plusieurs peintures conservées dans le cabinet des antiques à la bibliothèque impériale, ainsi que les monumens que nous avons recueillis pour le Musée des Monumens français, tels que les statues de Clovis, celle de la reine Clotilde, gravées et décrites dans le t. 5 de notre ouvrage, p. 217, la fig. en bois de la Vierge, ainsi que le beau tableau peint à l'eau d'œuf, également décrit dans le même ouvrage, t. 1, page 178. En général l'invention des monumens qui nous restent des premières époques de la monarchie est d'une sévérité qui se ressent de l'âpreté des mœurs du tems. Les formes du dessin sont très-développées, mais incorrectes. Les draperies, quoique longues et tirées sans grace et sans goût, se ressentent encore du beau genre grec, et on ne peut douter que les arts dépendant du dessin, cultivés avec soin dans ce système d'exécution, se seraient nécessairement perfectionnés si les souverains, plus tranquilles dans leur intérieur, avaient su se conserver des communications plus suivies avec les peuples de l'Orient. Mais pouvait-on espérer ce succès au milieu des dissentions politiques et au sein de la cruauté? Les férocités de Clovis, le massacre des enfans de Clodomir, les assassinats réitérés des personnages les plus marquans dans l'Etat, la nature du supplice de Brunehaut, et beaucoup d'autres faits de cette nature dont les premières pages de notre histoire sont remplies, suffisent pour nous convaincre de l'état de barbarie dans lequel vivaient alors les Français. Que peut-on attendre d'un peuple qui n'a d'autre jouissance que celle de la chasse ou celle des armes, qui n'a pour les femmes que la brutalité de la passion et pas une seule déférence? Ce peuple peut-il prétendre à la perfection des beaux-arts? Non, sans doute; la culture des arts suppose déjà un degré de civilisation dans le gouvernement et une grande perfection dans l'éducation de ceux qui les pratiquent : nos ancêtres alors étaient loin de posséder toutes ces qualités que nous avons poussées au plus haut degré. Cependant l'histoire nous apprend que le luxe des Français rivalisait alors avec le faste des peuples de l'Orient. Déjà les palais et les temples se décoraient de peintures magnifiques exécutées sur des fonds d'or et d'azur, se revêtissaient de draperies tissues d'or et de pourpre; on y voyait des meubles fort riches, des vases d'or et d'argent de la plus grande magnificence; on fabriquait aussi des mosaïques pour l'ornement des pavés et des monumens funèbres pour honorer les morts. *Voyez* dans le Musée la tombe de Frédégonde, décrite sous le n° 7. Les anciennes descriptions de l'abbaye de Saint-Denis, bâtie par le roi Dagobert, peuvent nous servir d'autorité, ainsi que l'église de Saint-Germain-des-Prés, fondée par Childebert, à laquelle on avait donnée le surnom de *Saint-Germain le doré*, à cause de la beauté et de la richesse de sa décoration. Clovis avait fait construire un palais et une basilique sous l'invocation de saint Pierre et de saint Paul, à laquelle on a donné depuis le nom de Sainte-Geneviève.

Mais ce que nos annales nous cachent et ce qu'il nous importerait de connaître pour l'histoire de nos arts, serait de savoir si les hommes employés à la construction et à la décoration de ces palais et de ces temples magnifiques étaient des artistes français, ou si on les faisait venir de l'Orient pour travailler en France. Quand on n'écrit point, tout se perd, et ceux qui succèdent à l'ignorance des siècles restent dans un doute absolu.

La peinture et la sculpture profitèrent peu des avantages que l'empereur Charlemagne fit aux artistes. Le culte des images était proscrit, les princes et les seigneurs de ce tems là, incapables de saisir les jouissances aimables que les arts procurent à la société, ne faisaient point travailler les artistes. Ainsi les deux sœurs, liées par un intérêt commun, passèrent dans les cloîtres : là, elles furent cultivées en silence par les religieux. Ce fut donc dans ces asiles pieux qu'on entretint, pour ainsi dire, l'existence des arts dépendans du dessin, et qu'on sut nous les conserver. On y sculptait des bijoux, des reliquaires, et on y peignait des miniatures, dont on enrichissait les manuscrits. La bibliothèque impériale possède un grand nombre de manuscrits de ce genre là qui méritent d'être connus, à l'aide desquels on peut aisément remplir les lacunes que présente notre histoire de l'art (1). Charlemagne opéra une révolution sensible dans l'architecture française, en faisant construire un grand nombre d'édifices publics à l'instar de ceux qu'il avait vus en Lombardie; mais bientôt après lui, sous le règne des rois fainéans, tous les monumens de sa grandeur et de sa magnificence furent anéantis par une horde de barbares qui descendit dans nos contrées, qui assiégea et brûla nos murailles en 885, et qui détruisit nos palais, nos temples et nos monumens des arts.

L'architecture s'embellit par la peinture et par la sculpture : à l'aide de ces arts, elle prend un caractère de civilisation qui, en parlant aux yeux de tout le monde, annonce le génie et l'opulence d'un gouvernement. Les croisades ont introduit, dans les arts dépendant du dessin, le goût arabe, comme nous l'avons déjà prouvé, et nous ne voyons dans

---

(1) M. Langlés, membre de l'Institut, et conservateur de ce cabinet précieux, se propose de faire graver et de publier ces peintures, qui, rattachées aux monumens que renferme ce Musée, formeront une histoire complète des arts en France.

certaines statues, comme dans certains bas-reliefs et dans quelques tableaux, qu'une imitation servile de ce que nos artistes avaient vu pendant leur séjour en Syrie. C'est pourquoi on ne doit pas être surpris de trouver dans les morceaux que nos sculpteurs et nos peintres étaient obligés d'inventer, un caractère de naïveté et même de niaiserie qui distingue leurs ouvrages de ceux des artistes des siècles précédens ; comme on peut facilement le remarquer dans les statues de la sainte Vierge, et dans celles des saints Apôtres que nous possédons, qui ont été peintes ou sculptées dans les *douze*, *treize* et *quatorzième* siècles ; ce qu'on ne retrouve pas dans les statues des premiers tems de la monarchie. Ce caractère d'idiotisme, dont je parle, est notamment particulier aux objets d'invention ; car on ne le retrouve plus dans les ornemens et dans les détails du ressort de la sculpture qui accompagnent l'architecture, que les sculpteurs ou les tailleurs de pierre exécutaient alors dans la perfection, parce qu'ils avaient eu des modèles de ces choses là sous les yeux. Pour alimenter cette bonhomie, ou plutôt la crédulité du peuple de ce tems là, on a eu le soin de faire représenter dans nos églises une grande quantité de diables et de vices personnifiés, dans toutes sortes de postures, sous des couleurs rembrunies et sous des formes hideuses ou monstrueuses, comme on fait dans les contes des fées, ou quand on parle de loups-garoux ou de revenans aux enfans dont on veut ébranler l'imagination, que l'on veut intimider pour les rendre dociles. Il est reconnu que la nation française, devenue guerrière et pieuse, se plut à retrouver dans les temples consacrés à son Dieu, la représentation des mystères sacrés : on décora alors les vîtres des églises de dessins magnifiques, enrichis des couleurs les plus vives : les métaux les plus rares furent employés à la composition de ces couleurs. Nous pouvons considérer la peinture sur verre, inventée, dit-on, en France, comme une espèce d'écriture, par le moyen de laquelle on nous a conservé des faits historiques, des portraits des personnages les plus célèbres, et des costumes qui auraient été perdus pour nous, puisqu'on n'écrivait pas, ou du moins très-peu, si la piété n'eût provoqué l'invention de cet art sublime, dont j'ai su réunir, dans le Musée des Monumens français, un nombre si considérable de tableaux, que j'ose me flatter d'en avoir formé la plus riche collection qui soit en Europe. (1)

Nous avons vu s'élever une académie de peinture sous les auspices des rois Charles V et Charles VI; mais nous n'avons conservé de cette compagnie que la date de son institution et le nom de Gringoneur, l'un de ses membres, qui passe pour être l'inventeur des cartes à jouer; plusieurs peintres-verriers reçurent des priviléges de distinction des mêmes rois de France. Nous donnons dans ce Livre, à leur ordre de date, les gravures des portraits d'Isabeau de Bavière, de Charles VII, de la pucelle d'Orléans, d'Agnès Sorel, du chevalier Bayard et de Louis XI, peints d'après nature; mais nous ignorons complètement les noms des auteurs de ces ouvrages, et nous n'osons pas affirmer qu'ils sont peints à l'huile, quoiqu'un manuscrit de Théophile le Prêtre, écrit au plus tard dans le onzième siècle, nous fournisse un passage qui démontre que la *peinture* à *l'huile* était connue plus de quatre cents ans avant la prétendue découverte qu'en fit Jean

---

(1) Pour la connaissance particulière de cet art et des vitraux qui sont réunis dans le Musée des Monumens français, il faut consulter notre volume intitulé *Peinture sur Verre*; il fait partie de cet Ouvrage.

Van-Eyck. Voici ce que dit cet auteur sur la peinture à l'huile, chap. 23, intitulé *de Coloribus oleo et gummi*.......... « Toutes sortes de couleurs peuvent se broyer avec la même sorte d'huile, et s'employer sur les ouvrages en bois, seulement dans les choses qui peuvent se manier facilement, et par conséquent se sécher au soleil, parce que toutes les fois que vous avez appliqué une couleur, vous ne pouvez en mettre une autre pardessus que la première ne soit bien séchée : procédé qui, dans les ouvrages sur toile, est long et trop ennuyeux. » Voici ce que le même auteur rapporte sur la composition de la peinture à la gomme : « Si vous voulez hâter votre travail, prenez de la gomme qui coule du *cesirier* ou du *prunier*, et après l'avoir coupée bien menue, mettez-là dans un vase d'argile, versez beaucoup d'eau dessus ; exposez-là au soleil en été, ou sur des charbons en hiver, jusqu'à ce que la gomme soit devenue liquide ; ayez soin de bien la mêler avec un bâton rond ; ensuite passez-là par un linge, et après broyez les couleurs et mettez de cette eau gommée dedans. Toutes les couleurs peuvent se broyer et s'employer avec cette gomme, excepté cependant le *vermillon*, la *céruse* et le *carmin*, qu'il faut broyer et employer avec du *blanc d'œuf*. »

On aura remarqué, sans doute, que les arts dépendant du dessin n'ont pris un véritable accroissement dans les empires, que du moment où l'instruction publique a été générale. Le quinzième siècle, en Italie, fut l'époque la plus brillante pour la poésie et les arts, comme le seizième le fut pour la France. La source féconde des lettres et des arts, longtems resserrée dans des bornes trop étroites, se développa tout à coup avec la liberté de penser et d'écrire, et dès le XIIIe siècle, la superbe Italie vit naître les plus grands génies. Sous le règne de Médicis, le pontificat de Léon X et de Jules II, parurent l'Arioste, Bramante, Léonard de Vinci, Michel-Ange, Raphaël, et cette foule d'hommes célèbres dans tous les genres, que nous considérons encore aujourd'hui comme nos illustres maîtres.

Léonard de Vinci, appelé en France par François Ier, fut le premier qui donna aux Français des leçons et des règles sur l'art du dessin. Les compositions de Léonard de Vinci sont savantes ; ses expressions belles, vraies, et ses attitudes naïves comme la nature, telles que nous les représentent son tableau de la scène qui a été si bien gravé par Morghen, et encore mieux dessiné par M. Dutertre, l'un des savans qui ont accompagné notre illustre empereur en Egypte. Léonard de Vinci est extrêmement minutieux dans l'exécution de ses tableaux ; ils sont tellement finis, qu'ils montrent quelquefois de la sécheresse. Sa couleur est vigoureuse sans être belle. Ce peintre savant fit le portrait de François Ier, qui lui donna des témoignages de distinction et d'amitié jusqu'au lit de mort. Le beau portrait que j'ai vu appartient à M. le sénateur Lucien Bonaparte, qui sait l'apprécier à sa juste valeur. Michel-Ange, ce génie terrible et vigoureux, posa sur les arts dépendant du dessin l'empreinte de sa force et de sa brutale fécondité. La conception de son jugement dernier peut être considéré comme la production la plus extraordinaire qui ait paru dans les arts ; force d'action, violence de passion, science anatomique, tout est là. Aussi grand sculpteur qu'il était vigoureux dessinateur, il fit en marbre, pour le tombeau de Jules II, deux esclaves et une statue de Moïse, que l'on considère avec juste raison comme des chefs-d'œuvres (1). Une statue de Moïse parut à Michel-Ange un sujet propre à faire ressortir tous ses moyens d'invention et d'exécution ; aussi a-t-il parfaitement rempli le but qu'il s'étoit proposé. Le législateur des Juifs est représenté assis, mais avec noblesse ; il a bien le caractère d'un sage et d'un politique profondément occupé de la conduite d'un grand peuple. Sa tête élevée et son regard fixe inspirent la terreur ; sa bouche, quoique fermée, est pleine d'ame et de feu ; on lit sur son front noble la liste de ses exploits ; les terribles lois de Dieu y paraissent même gravées en caractères ineffaçables. Son bras droit est appuyé sur les Tables de la Loi, et de la main il relève avec une grace combinée l'extrémité de la longue barbe qui pend de son menton, et dont les ondulations mâles descendent en se déroulant jusqu'au bas de son abdomen. Ses bras seulement sont nus, le reste du corps

---

(1) J'ai gravé et décrit ces deux statues, qui font l'ornement du Musée Napoléon, dans le troisième volume de cet Ouvrage, pages 40 et 41.

est savamment drapé ; il est vêtu à la manière phrygienne. Tout dans ce chef-d'œuvre est plein d'art, de science et de talent. Cette longue barbe, que Michel-Ange a donnée à la statue de Moïse, peint bien l'antiquité de son culte, et sa forte stature semble annoncer aux spectateurs son éternelle durée. Il porte sur son front les deux rayons de feu du dieu-lumière, dont il fut environné sur le mont Nébo le jour de sa transfiguration ou de son apothéose. Certains auteurs ont confondu Moïse avec Bacchus; sans rapporter ici toutes les citations qui pourraient les autoriser, nous remarquerons seulement que l'auteur de cette statue a eu l'art de joindre au caractère noble et divin qui forment l'ensemble du visage de son Moïse, certains traits qui appartiennent essentiellement au bouc. Nous pensons en conséquence que Michel-Ange, qui était très-versé dans la connaissance de l'antiquité, a pu reconnaître quelques vérités dans les rapprochemens qu'on a fait de Bacchus avec Moïse, et que c'est sans doute avec intention qu'il a réuni dans sa statue quelque chose des formes qu'on donnaient au dieu Pan, qui est uni à Bacchus, et que les auciens considéraient comme le symbole de *l'ame du monde*.

Raphaël, ce beau génie dont l'Italie et l'Europe entière s'honorent, peut être considéré comme le peintre le plus célèbre qui ait jamais paru. Il a su réunir dans ses ouvrages toutes les parties qui constituent l'art de la peinture, et le surnom de peintre *surhumain* lui est dû à tout égard; ses compositions sont grandement conçues et bien pensées; ses figures sont nobles, sveltes et savamment dessinées; ses draperies sont légères et mobiles; ses expressions parlent à l'ame, et tous ses airs de tête ont quelque chose de divin; enfin, on serait tenté de croire que Raphaël a choisi ses modèles parmi les habitans des cieux. Existe-t-il une composition plus grande, plus noble, mieux entendue et mieux dialoguée que celle de son école d'Athènes qui orne le Vatican? Il est reconnu que l'antiquité n'a rien produit de plus parfait. Quoi de plus sentimental que son tableau du sommeil de l'enfant Jésus, conservé au Musée Napoléon? que de douceur, que de grace, que de modestie dans la figure de cette tendre mère, qui lève doucement un voile pour jouir de la vue de son enfant ! O combien l'expression de l'enfant Jésus est douce ! qu'elle est admirable ! Il dort, mais on voit le souffle qui l'anime ; on devine la couleur tendre de ses yeux ; son sommeil est celui de la Divinité, et la douce éloquence siége déjà sur ses lèvres enfantines. Raphaël a mis plus de coquetterie que de vérité de nature dans son tableau connu sous le nom de *Vierge à la chaise*. Celui de la sainte famille, qu'il fit pour François Ier, est parfait, mais les figures ont tellement d'afféterie, qu'on reconnaît à peine le sublime talent de Raphaël. Que de naïveté et de beautés réelles, dans son tableau de la *belle Jardinière*, chef-d'œuvre de l'art, qui a été si bien gravé par M. Desnoyers ! D'un autre côté du Musée Napoléon, on voit la transfiguration de Jésus-Christ, dans lequel Raphaël a montré et développé toute la force de son génie : hélas ! c'est son dernier ouvrage. Jésus-Christ, placé au zénit du mont Tabor, touche la voûte azurée ; il semble réellement se perdre dans les cieux, comme fait effectivement le soleil au solstice d'été, dont il emprunta ce jour là les rayons lumineux ; tandis que ses fidèles disciples, qu'il nous représente placés modestement dans le tableau au bas de la montagne, paraissent tellement éblouis de la clarté qui environne le fils de Dieu, qu'ils le perdent de vue ; *et il fut transfiguré en leur présence.* Que de grace dans la composition des arabesques du Vatican ! que de fraîcheur dans le coloris, que de légéreté dans l'exécution ! Raphaël a fait plier son génie à tous les genres : rien ne lui échappe ; rien ne lui est étranger ; c'est le peintre des peintres, ou plutôt c'est le *peintre universel.* Raphaël a eu un nombre considérable d'élèves, qui ont répandu dans les arts dépendant du dessin les principes et la belle manière de leur maître : Corrége, les frères Carrache, Dominiquin, Albane le peintre des Graces, Titien et Paul Véronèse, parurent dans la suite ; et c'est ainsi que l'Italie est devenue la première école du monde. Titien, né à Cador dans le Frioul, en 1477, fut l'introducteur des beaux principes du coloris et du clair-obscur. Quelle douceur dans les contours de ses figures ! il les fondaient tellement sur les bords, qu'ils ne prennent à l'œil la forme d'un trait, que par la perspective et l'éloignement. Que de vigueur, que de finesse dans ses ombres, que de pureté et d'harmonie dans la couleur générale de ses tableaux! Titien avait tellement étudié la valeur de la lumière et l'effet que doit produire un corps sur un autre corps, et un ton placé à côté d'un autre ton, qu'il rendait les effets de la nature avec tant de magie, qu'on oublie, en voyant ses productions, que c'est de la peinture. J'ai copié plusieurs tableaux de Titien, et j'ai été à même d'étudier la manière de peindre de ce maître, dans une des plus belles galeries de l'Europe, où j'ai passé une partie de ma jeunesse: cette galerie contenait beaucoup de chefs-d'œuvres des plus grands maîtres de l'art, et j'ai observé que Titien se servait de toiles ou de panneaux imprimés en blanc; qu'il ébauchait ses tableaux très-solidement ou d'une manière très-empâtée, très-claire, et qu'il donnait à ses ombres la valeur de la lumière; parce qu'il ne considérait l'ombre que comme un incident. Il revenait ensuite sur cette préparation avec des couleurs légères, mais plus fortes pour les ombres, et plus fraîches pour les clairs; c'est cette manière de peindre qu'on appelle *glacis*. Jamais il ne posait un ton cru, entier, ou isolé d'un autre ton. Titien avait un art particulier pour peindre les étoffes, et j'ai remarqué que, d'abord, il les peignait en blanc ou en jaune, et qu'il les préparait ainsi à recevoir la teinte colorante, dont il avait besoin pour l'effet général de son tableau. Son élève, Paul Véronèse, a poussé l'art du coloris au plus haut degré, ce qui est bien prouvé par l'effet que produisent ses beaux et magnifiques tableaux, qui sont exposés au Musée Napoléon. La riche et brillante manière de peindre de Titien et de Paul Véronèse s'enseigna ensuite avec tant de succès à Venise, que cette école fut bientôt distinguée des autres.

Pendant que l'Italie était si florissante, la France contait à peine un peintre d'histoire, lorsque Jean Cousin parut. Cependant, avant l'époque de la renaissance des arts dans nos contrées, on avait déjà vu plusieurs peintres verriers, quelques sculpteurs et des architectes habiles, dont les noms nous ont été conservés dans les chartes des maisons religieuses.

Rumalde bâtit, en 835, la cathédrale de Reims; Azon, celle de Séez, en 1050; Robert de Luzarche commença, en 1222, celle d'Amiens; et le célèbre Montreau, architecte du roi Louis IX, construisit à Paris plusieurs temples et plusieurs basiliques dont on admirait l'élégance de la bâtisse : ensuite parut Jean Joconde, architecte du roi Louis XII, qui a bâti le pont Notre-Dame, plusieurs salles du palais de Justice, et le château de Gaillon, dont on voit dans ce Musée les principales façades. *Voyez* tome 4, pag. 53, les gravures et la description de ce beau monument, même volume, pag. 202. François Gentil, de Troyes, qui florissait en 1520 environ, passe pour avoir sculpté un squelette en albâtre, conservé dans ce Musée, et décrit sous le n° 91, tom. 2, pag. 126. On attribue aussi à François Gentil l'art de sculpter parfaitement les arabesques ; nous possédons sans doute dans l'étendue de l'Empire français une grande quantité de beaux ouvrages de ce sculpteur ; mais comment les connaître, puisqu'il ne les a pas signés ; ce qu'il y a de certain, c'est qu'il était en concurrence avec Jean Juste, sculpteur ornemaniste, qui passe pour avoir fait les arabesques qui ornent le mausolée de Louis XII, et Paul Ponce, sculpteur florentin, que ce roi fit venir en France, et que l'on a souvent confondu avec Ponce Jacquio, qui a travaillé au tombeau de François II, sur les dessins de Primatice. Ponce Jacquio a sculpté aussi les statues de Charles Maigné, d'André Blondel, etc. *Voyez* la description et les gravures de ces beaux morceaux, t. 3, pag. 84 et 85.

La peinture sur verre fut pratiquée en France dès le onzième siècle, et les chroniques anciennes annoncent que les rois d'Angleterre, desirant avoir dans leur palais des vitres peintes, firent venir chez eux plusieurs artistes français. Jules II fit peindre les vitres du Vatican par deux peintres français; ce qui prouve que cet art n'était pas encore pratiqué en Italie. Les ouvrages les plus remarquables qui nous sont restés de nos peintres verriers sont ceux de Henri Mellein, qui fit le portrait en pied de la Pucelle d'Orléans, pour l'Eglise Saint-Paul de Paris. Ce tableau fut détruit en 1588, lorsque le peuple, justement irrité contre Henri III, pilla cette église et détruisit les tombeaux que ce roi avait élevés à ses mignons Quélus et Saint-Mégrin. Arnaud Desmoles a peint les vitres de la cathédrale d'Auch. Robert Pinaigrier a peint de très-beaux vitraux à Chartres; Anguerrand le Prince, à Beauvais; Valentin Bouch, à Metz; Germain Michel, à Auxerre; Gontier, Linard et Madrin, à Troyes en Champagne. Parroy,

Chanut, Jean Nogare, Robert, Nicolas, Jean et Louis Pinaigrier, Nicolas Levasseur, Jean Monnier, François Desaugives, François Porcher, et Bernard Palissy, ont orné les églises de Paris de belles peintures sur verre. Les artistes les plus habiles dans l'art de peindre sur verre, furent tous surpassés par Jean Cousin, qui joignait au savant art de la composition un dessin correct, un grand style et une belle exécution. Nous l'avons déjà fait remarquer, Lescot et Jean Goujon, en réunissant leurs talens, ont produit des chefs-d'œuvres (1). Que de grâces, que d'élégance et de noblesse dans le dessin de Jean Goujon! que de beauté dans son exécution! Peu de sculpteurs ont comme lui senti les règles de l'optique; il avait l'art de modeler un corps peu saillant, de façon à lui donner de la rondeur, par sa manière d'y attirer la lumière, ou de la faire seulement glisser, suivant le besoin qu'il en avait pour l'effet qu'il voulait produire.

Jean Goujon a fait très-peu de statues; cependant, on voit de sa main, au Musée

---

(1) Pierre Lescot, architecte habile, s'associa le talent du plus célèbre sculpteur qui parut en France.

des Monumens français, un beau grouppe représentant Diane, et la superbe statue de François Ier, représenté en état de mort et couché (1); au palais impérial de la Malmaison, une Diane chasseresse, debout et prête à s'élancer sur un animal. Jean Goujon a surpassé les anciens dans l'art de sculpter le bas-relief (2); et aucun sculpteur n'a su comme lui marier la sculpture à l'architecture, ce qui est bien prouvé par la fontaine des Innocens, qu'il exécuta avec Pierre Lescot, son ami, et toutes les sculptures qu'il fit au vieux Louvre (3), où il finit son illustre

―――――――――――――――

(1) *Voyez* la description de ces monumens précieux, tome 4, page 85, et tome 3, page 73.

(2) Je possède un petit bas-relief en marbre représentant Diane en repos caressant un cerf, accompagnée de ses chiens Procion et Syrius; morceau de la plus grande beauté et de la plus belle exécution. M. Landon a bien voulu le faire graver et le décrire dans son ouvrage intitulé: *Annales des Musées et de l'Ecole moderne des beaux arts*, tom. 8, pag. 135, et tome 10, pag. 35.

(3) Pour bien connaître toutes les belles sculptures dont Jean Goujon a enrichi le palais du vieux Louvre, il suffira de consulter les belles gravures que M. Bal-

carrière, et où il tomba sous les coups du fanatisme, le 24 août 1572.

Jean Cousin, surnommé le Michel-Ange français (1), possédait éminemment tous les arts dépendant du dessin ; célèbre sculpteur comme célèbre peintre, savant anatomiste et habile graveur en médailles, il nous a laissé des monumens parfaits dans les différens arts qu'il a pratiqués. Sa statue de l'amiral Chabot, qu'on voit au Musée des Monumens français, est majestueusement posée et très-bien exécutée ; elle rend parfaitement la force morale du guerrier qu'elle représente. Les vitraux de cet artiste, que l'on voit dans la même salle, décrit et gravé dans l'ouvrage sur le Musée, intitulé *Peinture sur verre*, p. 80 et 81, sont dignes des plus grands maîtres de l'école

---

tard en a données dans son grand et magnifique ouvrage intitulé *Paris et ses Monumens*, t. 1. Nous espérons aussi que son excellence le ministre de l'intérieur (M. Cretet), voudra bien nous autoriser à les faire mouler pour en décorer les archivoltes de notre salle d'introduction.

(1) Jean Cousin est né à Souci, près Sens. On ignore l'époque de sa naissance : on sait seulement qu'il est mort fort âgé, et qu'il vivait encore en 1589.

romaine. Le tableau le plus remarquable que Jean Cousin nous a laissé, est son Jugement dernier, qu'il fit pour la sacristie des minimes de Vincennes. Ce tableau de chevalet, conservé maintenant au Musée Napoléon, est le premier tableau peint à l'huile, d'un maître français, qui puisse balancer le talent des maîtres italiens. Cette belle production fut le résultat d'une étude approfondie et d'un travail raisonné, et il ne fallait pas moins que le génie de Jean Cousin, pour renfermer dans un cadre aussi resserré, un sujet aussi vaste. La composition de ce tableau se divise en deux parties, c'est-à-dire, en partie supérieure et en partie inférieure. Dans la partie supérieure, qui représente le paradis ou le trône de Dieu, posé sur des nuages, soutenu dans les airs, au bas desquels se groupent huit anges, dont sept sonnent la fatale trompette du jugement dernier, tandis que celui du milieu montre la croix de Jésus-Christ : on voit de chaque côté la foule des saints et des bienheureux qui peuplent le paradis; les quatre prophètes, Joël, Jérémie, Isaïe et Daniel, qui tiennent dans leurs mains des rouleaux sur lesquels sont tracées les lois divines, ferment les angles supérieurs du tableau. Dans le milieu, Jésus-Christ, assis sur un cercle d'or, symbole de son immortalité, ayant la sainte Vierge à sa droite et saint Jean à sa gauche, touchant de ses pieds divins le globe de ce vaste univers, et une faucille à la main, est environné de toute sa gloire. Le fils de l'homme, animé d'une justice divine, va prononcer sur le sort des hommes et des femmes qui ont peuplé la terre depuis l'origine des siècles. Les chérubins, les séraphins et une multitude d'anges forment son cortége. La partie inférieure du tableau représente la terre, que l'auteur a divisée en plusieurs plans, pour donner de la clarté aux scènes qu'il a voulu peindre. Sur le devant, on voit un ange assis sur des ruines d'architecture, qui semble appeler les morts du fond de leurs sépulcres, et les animer de nouveau pour les présenter au tribunal de Dieu. Il sépare les bons des méchans : là, c'est un squelette qui s'anime peu à peu et qui se couvre de chair ; plus loin, c'est une mère qui soulève son linceuil et qui implore la miséricorde divine pour sa famille. Son œil est humide de pleurs, et l'espérance est sur ses lèvres. De l'autre côté, on voit une barque conduite par des monstres affreux qui entassent dans son intérieur des maris pervers, des mères dénaturées, des enfans ingrats, des rois devenus tyrans, des pontifes criminels et des prélats lubriques; ce qui est très-bien exprimé par une épisode ingénieuse que l'on avait reproché à Michel-Ange, et que Jean Cousin n'a pas craint de renouveler ici. Des démons actifs retirent ces personnages d'une caverne, pour leur faire passer le grand fleuve (1) qui conduit aux enfers. Sur le second plan du tableau, on remarque un ange debout, qui retire des catacombes des ames bienheureuses, tandis que de l'autre côté, on aperçoit, comme à travers une vapeur, l'appareil effrayant de plusieurs supplices. D'abord, on voit la roue d'Ixion, sur laquelle tournent continuellement plusieurs corps animés, tandis que, monté sur une tour, un diable armé d'une massue frappe à coups redoublés les hommes et les femmes qu'on

---

(1) Ce grand fleuve est très-remarquable. Il est au nombre les constellations, et joue un rôle dans les religions anciennes; ce que nous aurons occasion d'examiner dans notre ouvrage sur l'antiquité.

lui amène, pour les précipiter dans un gouffre qui est situé au bas de la tour. Il serait trop long de décrire la variété des supplices qui sont représentés sur cette partie du tableau de Jean Cousin ; la foule d'idées que me font naître ces images fabuleuses m'arrêtent. Au côté opposé de ces scènes horribles, on remarque un temple magnifique orné de colonnes d'émeraude et de rubis; saint Pierre en ouvre la porte, et à ses pieds on voit un cortége considérable de bienheureux se précipiter en foule pour en obtenir l'ouverture. Enfin, ce magnifique tableau, considéré comme le premier chef-d'œuvre sorti de l'école française, comporte quinze plans différens, enrichis d'un nombre incalculable de figures posées sans confusion et dans des attitudes variées. Le fond du tableau représente une ville assiégée par la chute des planètes et des étoiles qui l'abîment et qui l'embrasent. *C'est alors que le fils de l'homme paraîtra tout resplendissant de lumière.* Ces paroles sacrées expliquent très-bien le fond de cette allégorie. Le dessin de ce tableau est beau et d'un grand caractère; la couleur est bien fondue, douce et harmonieuse : il a été buriné dans le même format par Pierre de

Jode, qui a dédié sa gravure au roi de France Louis XIII. A la même époque parut aussi Léonard de Limoges, émailleur de François Ier, qui fit un nombre considérable de beaux tableaux pour Henri II et pour les rois ses fils ; il eut pour élève Jacques Courtois, qui fut chargé de la conduite de sa manufacture après sa mort. Jean Regier, qui florissait en 1540, a composé et sculpté à Saint-Miel, ou Michel, département de la Meuse, un calvaire qui est fort estimé ; on voit dans ce Musée un bas-relief de ce célèbre sculpteur, représentant le jugement de Suzanne.

 Pierre Bontems, sculpteur, bourgeois (1) de Paris, employé par Henri II à la décoration du mausolée qu'il fit élever à son père François Ier, était inconnu jusqu'au moment où je trouvai son nom et ses qualités dans les archives de la chambre des comptes sur les états des dépenses faites pour l'érection de ce beau monument, ainsi que sur les mar-

―――――――――――――――――

(1) Je conserve ici le titre de *bourgeois* de Paris, qu'on lui donne dans les actes que j'ai copiés, parce que ce titre annonce que Bontems était non seulement de Paris, mais encore fils d'un parisien.

chés passés entre lui et Philibert Delorme, architecte, auteur de ce mausolée et intendant des bâtimens du roi. On ignore la date de la naissance de Pierre Bontems, ainsi que le nom de son maître. Il était le contemporain de Jean Goujon et de Germain Pilon, et il est difficile d'assigner l'école dans laquelle il a puisé un talent vrai, simple d'exécution et d'une finesse tellement recherchée, que les têtes de ses bas-reliefs égalent les camées antiques; Germain Pilon mérite aussi d'être distingué parmi les sculpteurs qui parurent dans le seizième siècle. Le nombre considérable de morceaux de ce maître, que nous avons réunis dans notre Musée, gravés et publiés dans nos précédens volumes, ainsi que la vie de cet homme célèbre, que nous avons donnée dans le tome 3 de cet ouvrage, nous dispensera d'entrer ici dans d'autres détails. Ce fut vers ce tems là que parut le célèbre François Clouet, dit Janet (1), peintre de portraits de la cour

---

(1) François Clouet (dit Janet), né à Tours, fut peintre des rois François II, Charles IX et Henri III; il faisait bien la miniature et le portrait: c'est le dire

de François Ier. Janet a cherché dans ses peintures à imiter la manière de Léonard de Vinci; elles sont généralement peu empâtées, mais on y trouve beaucoup de vérité, même de la finesse: il s'attachait particulièrement à la vérité des costumes; il a peint la majeure partie des personnages de la cour de François Ier, de Henri II, de Henri III, etc., et c'est une partie de ces portraits précieux que nous avons recueillis pour notre Musée, que nous publions dans cet ouvrage.

Les portraits de Janet sont ordinairement d'un moyen format, fini comme de la miniature et peints sur bois de noyer. Janet a dessiné d'après nature un nombre considérable de portraits des principaux personnages des règnes ci-dessus; ce qui m'autorise à croire qu'il commençait par dessiner aux trois crayons les personnes qu'il voulait peindre, et qu'ensuite il copiait à l'huile le dessin qu'il avait fait d'abord d'après nature; car

---

de Ronsard, qui a fait son éloge en vers. On a écrit son nom de ces deux manières: *Jeannet* et *Janet*; nous nous en tiendrons à cette dernière manière.

sa peinture est tellement légère, qu'elle ressemble beaucoup à un lavis que l'on ferait cependant à l'huile (1).

Parmi les peintres et les sculpteurs qui ont illustré la France dans le seizième siècle, nous ferons remarquer le célèbre François Quesnel (2), qui mourut en 1616, à l'âge de

---

(1) Il y a tout lieu de croire que Janet jouissait d'une grande facilité pour exécuter ses dessins, puisque j'en connais plusieurs collections considérables. Lord Carhile en a formé une suite de cent cinquante, dans un voyage qu'il a fait en Flandres. J'en possède trente environ, parmi lesquels on peut remarquer ceux de François 1er, de Claude de France, de Diane de Poitiers, de monsieur et de madame de Villeroy, etc. M. Lebreton, secrétaire de la 4e classe de l'Institut de France, en a recueilli aussi un certain nombre dans lesquels il s'en trouve de très-beaux. D'autres amateurs des arts en ont également réunis dans leurs cabinets. La suite des portraits qu'il a peints à l'huile est si nombreuse, qu'il serait difficile de les rassembler.

Je possède aussi deux dessins à la plume et au trait faits par un certain Nanci, artiste dont le nom ne nous est pas connu, qui sont signés et datés de 1580.

(2) François Quesnel, premier peintre de Henri III, est né dans le palais royal d'Edimbourg, d'un français qui était issu d'une ancienne noblesse écossaise.

soixante-treize ans. Quesnel composait fort bien l'histoire, ses compositions sont grandes et bien conçues; son dessin est noble et tient beaucoup de la manière florentine; il fut le premier qui donna un plan de Paris. « François Quesnel, dit Maroles dans ses Mémoires, fut chéri du roi Henri III et de toute sa cour, et surtout du chancelier de Chiverny, qui ne put jamais le faire consentir à son agrandissement. *Ses portraits sont souvent confondus avec ceux de Janet, auquel il succéda.* Son désintéressement lui fit également mépriser l'acquisition et la perte des biens de la fortune, et sa modestie refuser l'ordre de Saint-Michel, que le roi Henri IV voulut lui donner. » Martin Freminet, dont nous avons déjà parlé dans le 4e vol., p. 2 et 185 de cet ouvrage, mérite d'être classé parmi les grands maîtres : on assure qu'il est le premier peintre qui passa en Italie pour perfectionner son talent. Que d'efforts Jean Goujon et Jean Cousin n'ont-ils pas eus à faire pour arriver à l'apogée de l'art, dans un pays où les arts dépendant du dessin étaient pour ainsi dire au berceau, et dans lequel il n'y avait point encore d'école? La manière de Freminet est grande, belle, ses inventions un peu gigantesques et tout à fait dans le style florentin. Sa façon de peindre est suave, et sa couleur rembrunie : ses meilleurs ouvrages sont, le plafond de la chapelle du château de Fontainebleau ; le plafond de la chambre du roi ; les quatre évangélistes, qu'il a faits pour la chapelle du château de Richelieu, et un petit salon pour la reine Marguerite de Valois, à Colombes (1). Le buste en bronze de ce peintre célèbre, que l'on voit dans ce Musée, fait par son ami Francheville, sculpteur habile, a été acheté d'un particulier qui le destinait à la fonte (2). Francheville fut aussi l'un des sculpteurs célèbres de cette époque de l'art ; on compte parmi ses chefs-d'œuvres les figures et les bas-reliefs qui ornaient le piédestal de la statue de Henri IV, que l'on voyait autre-

---

(1) Cette maison est occupée aujourd'hui par M. Sage, membre de l'Institut, et professeur de Chimie à la Monnaie.

(1) Ce beau buste ornait le tombeau que l'on avait élevé à Martin Freminet, dans l'abbaye de Barbeau; instruit du sort qu'on lui destinait, j'en fis l'acquisition, pour le poids de la matière, à raison de trois francs la livre. *Voyez* sa description, tom. 4, p. 185.

fois sur le Pont-Neuf, et dont nous avons parlé dans notre 4ᵉ volume, page 126. Guillaume Dupré avait seulement modelé et fondu la statue du roi. Ce morceau était considéré comme le chef-d'œuvre de Dupré; mais nous avons de ce sculpteur un nombre considérable de médailles, moyen bronze, et de grands médaillons, qui seuls suffiraient pour faire passer son nom à la postérité. Nous les voyons comme des modèles parfaits que doivent consulter tous ceux qui s'exercent dans l'art de graver les médailles. Les portraits de Guillaume Dupré sont corrects, précis, bien modelés, d'un travail extrêmement soigné et d'une grande vérité.

Le dix-septième siècle a vu naître deux peintres d'histoire dignes de figurer auprès des plus grands maîtres; Nicolas Poussin et Eustache Lesueur. Lesueur, doué d'un sentiment fin et délicat, a mis généralement peu de force dans ses compositions : images de son ame, elles sont douces et mélancoliques. Ses expressions sont tendres, peu énergiques; sa couleur est suave. Lesueur s'est élevé au-dessus de lui-même dans l'exécution de son tableau de saint Paul, qui fait brûler les livres de la bibliothèque d'Éphèse : il est sagement et grandement composé; ses figures ont de l'énergie sans violence; le dessin en est beau et l'exécution vigoureuse. Cette production sublime lui fit donner, à juste titre, le surnom de *Raphaël* français. Lesueur, comme Raphaël, qu'il avait choisi pour modèle, mourut d'une mort prématurée, événement funeste qui a privé la France d'un nombre considérable de chefs-d'œuvres qui auraient illustré son école. Poussin, appelé le peintre des philosophes, l'un des premiers compositeurs qui aient jamais paru dans son art, avait un génie qui le place au dessus des peintres anciens et modernes. En effet, que de grandeur dans ses compositions! que de combinaisons savantes dans la distribution de ses tableaux! que de vérité, que d'accord dans ses expressions et dans les mouvemens de ses figures entr'elles! Cependant son dessin est souvent lourd et peu correct; sa couleur est sombre, sa manière de peindre peu facile et nullement agréable; mais on est tellement frappé par l'ensemble général et le sublime de l'invention, que ce grand maître arrête le spectateur par la simple pantomime des personnages qu'il a mis en action. Il serait trop long de décrire ici les nombreuses productions de Nicolas Poussin ; nous nous arrêterons seulement aux deux compositions qui nous ont le plus frappés. Commençons par le jeune Moïse, exposé sur les eaux. Voici le texte du sujet : « Moïse, fils d'Amram et de Jocabed, naquit l'an 1571 avant Jésus-Christ. Le roi d'Égypte, voyant que les Hébreux devenaient un peuple redoutable, rendit un édit par lequel il ordonnait de jeter dans le Nil tous leurs enfans mâles. Jocabed, ayant conservé Moïse durant *trois mois*, fit un petit panier de jonc, l'enduisit de bitume et l'exposa sur le Nil. Thermuthis, fille du roi, se promenant au bord du fleuve, vit flotter le berceau, se le fit apporter, et, frappée de la beauté de l'enfant, voulut le garder. Trois ans après, cette princesse l'adopta pour son fils, l'appela Moïse, qui veut dire *sauvé des eaux*, et le fit instruire avec soin dans toutes les sciences des Égyptiens. » Nous pourrions faire quelques rapprochemens sur ce qui se passe ici à l'égard du jeune Moïse que l'on expose sur le Nil, *trois mois* après sa naissance, dans une corbeille de jonc, avec une cérémonie religieuse que les Égyptiens pratiquaient tous les ans, *trois mois* après la naissance du soleil, c'est-à-dire, à l'équinoxe du printems, en l'honneur d'Adonis, le Dieu par excellence, le Dieu lumière, leur seigneur, qu'ils appelaient *Domine sol*(1). Mais nous nous éloignerions de notre but; examinons seulement le tableau du célèbre Poussin.

Une vaste campagne, que le Nil arrose de ses

---

(1) Suivant Lucien, les fêtes célébrées en Égypte en l'honneur de la *mort* d'Adonis, huit jours avant les kalendes d'octobre, à l'entrée du soleil à l'équinoxe d'automne, étaient des fêtes de deuil. Suivant le même auteur, elles furent réunies, dans la suite, aux fêtes joyeuses qui se pratiquaient en l'honneur de la *résurrection* d'Adonis à l'équinoxe du printems, huit jours avant les kalendes d'avril. Le dernier jour de la fête de la *mort* d'Adonis, le deuil public se changeait en joie et chacun célébrait la *résurrection* d'Adonis, *du Seigneur*. Alors les Égyptiens exposaient sur la mer un panier ou *corbeille d'osier* ou de *jonc*, qui, poussé par un vent favorable, abordait de lui-même sur les côtes de Phénicie, où les femmes de Byblos, qui l'attendaient avec impatience, l'emportaient dans la ville; et c'était alors que l'affliction publique faisait place à une joie universelle. Saint Cyrille ajoute que ce petit *vaisseau* portait des lettres par lesquelles les Égyptiens exhortaient les Phéniciens à se réjouir, parce qu'on avait retrouvé le Dieu Adonis, le *Domine sol* qu'on pleurait. Ces fêtes en l'honneur d'Adonis étaient célébrées à Athènes à la même époque.

eaux, présente la plus riche abondance. Ce fleuve, représenté dans le tableau de Poussin par un vieillard à demi-couché, appuyé sur un sphynx, est couronné de fleurs et tient une corne d'abondance; près de lui on voit un autel chargé de présens, et deux arbres majestueusement élevés, qui le couvrent de leurs rameaux, auxquels sont appendus des attributs des arts et des emblêmes relatifs aux sciences; détails ingénieusement placés qui peignent très-bien la bonne et heureuse civilisation dont jouissaient les habitans des rives du Nil. Ces peuples, reconnaissans des biens que ce fleuve leur procure tous les ans par l'immersion de ses eaux, l'ont divinisé. C'est aussi pour exprimer, sans doute, d'une manière sensible, le culte que les Égyptiens rendaient au Nil, que Poussin a placé près du fleuve un autel chargé de fleurs et de fruits, et qu'il a suspendu autour de lui les attributs des sciences et des arts. Nous pourrions trouver l'origine de ces allégories dans les aspects que présente le ciel à l'époque où l'on fait naître Moïse; ce que le peintre a très-bien exprimé dans sa composition : mais poursuivons. Dans le fond du tableau on voit la vaste cité, ou la demeure des rois d'Égypte, dont les tours des palais et la sommité des temples s'élèvent jusques aux cieux : cette ville, telle que Poussin l'a composée, présente la grandeur et la majesté. Là, on voit au bord du fleuve le petit Moïse, âgé de trois mois, placé dans une corbeille de jonc et flottant sur les eaux. Sa mère, encore à genoux et baissée vers la terre, dans la posture d'une femme qui dépose quelque chose sur un plan plus bas que celui qu'elle occupe, les mains ouvertes et la tête un peu levée, exprime à la fois les regrets, l'inquiétude et l'obéissance forcée qu'elle doit cependant aux lois sévères d'un souverain. Le père de Moïse, enveloppé de son manteau, la tête baissée, la main droite fermée et appuyée sur sa poitrine, triste et rêveur, retourne vers sa ville, au centre des lumières, en cotoyant le fleuve. Cette figure seule vaut un tableau entier ; elle est d'une conception sublime. Aron, encore enfant, les yeux attachés sur la corbeille, suit son père, dont il tient par derrière le pan du manteau pour se conduire ; expression bien naturelle qui peint parfaitement l'ingénuité, la timidité et la crainte d'un enfant, qui, sans connaître le péril auquel on destine son frère, est étonné cependant de l'événement extraordinaire qui se passe dans la famille. Sur le second plan du tableau, on voit Marie, sœur de Moïse, beaucoup plus âgée que les autres enfans d'Amram, qui, dans le lointain, aperçoit Thermuthis, fille de Pharaon, accompagnée de ses femmes, qui se promène au bord du fleuve : attentive à la disposition de la corbeille que les eaux semblent porter vers cette princesse, elle conçoit les plus grandes espérances pour son frère ; ce qui est parfaitement exprimé par son attitude, par sa tête à demi-penchée, par son sourire et par un doigt qu'elle a placé malicieusement près de sa bouche, tandis que de l'autre main elle indique aux spectateurs le groupe que forme la fille de Pharaon avec ses femmes. Quel heureux contraste avec la consternation si bien sentie de la famille de Moïse, exposant à la volonté des flots du Nil un fils chéri ! Qui peindra mieux que Poussin les angoisses d'une mère et la douleur d'un père forcés de sacrifier un fils à la mamelle pour satisfaire à une loi barbare ? Cette belle composition est à la fois un chef-d'œuvre de l'art et d'invention.

En donnant la description du chef-d'œuvre

de Poussin, on comprend aisément que je veux parler du premier tableau du monde, de son déluge. Ce grand homme a reconnu qu'on ne pouvait dans les arts acquérir une gloire durable qu'en consacrant ses crayons et ses pinceaux à des sujets mémorables, et que c'est les profaner, et, pour ainsi dire, prostituer la peinture, que de peindre des frivolités qui ne durent qu'un jour et qui passent avec les modes qui les ont fait naître. Poussin a justement senti que, pour arriver au temple de mémoire, il fallait captiver l'esprit des philosophes et l'âme des hommes sensibles; c'est ce que nous présentent toutes ses productions, et plus particulièrement encore son beau tableau du déluge, si savamment décrit dans une petite brochure éphémère, intitulée: *Coup de patte sur le salon de* 1779. N'examinons point si le sujet que nous allons traiter est un sujet vraiment historique, examinons seulement le beau tableau du Poussin; rendons au modeste auteur qui a gardé l'anonyme sur son ouvrage, la justice qui lui est due, en retirant des ténèbres une pièce qui mériterait d'être gravée au bas de la composition du grand maître que nous admirons, et disons hautement que sa description savante nous a fait déchirer plus d'une fois celles que nous avons essayées nous-mêmes sur ce sujet.

« Un ciel nébuleux déchiré par la foudre et qui laisse entrevoir à peine le disque pâle du soleil. Dans l'éloignement, au milieu d'un pays submergé, l'arche de Noé respectée par la tempête. Sur le devant du tableau, des rochers d'un aspect lugubre ; enfin des arbres sauvages, les uns dépouillés de feuilles, les autres à demi-déracinés, tous plians sous le faix d'une pluie universelle et constante : voilà ce qui frappe les premiers regards.

» C'est dans ce coin de l'univers que vont se passer les scènes les plus intéressantes. Il n'y a rien d'oublié. Les eaux, par leur accroissement, ont chassé de sa retraite ordinaire le serpent qui gravit au sommet des montagnes. De ces montagnes escarpées, on voit se précipiter les torrens. Un homme fend à la nage les flots, qu'il paraît avoir longtems combattus ; un premier vieillard se soutient sur les eaux à la faveur d'une planche ; un second n'est vu qu'en partie sur un cheval épuisé de fatigue ; un autre, après de pénibles efforts, vient d'accrocher enfin les bords d'une barque..... Mais dans quel instant funeste lui est-il offert !.... La barque en même tems s'abîme dans un précipice environné de rochers.

» Les malheureux qu'elle contient, le malheureux qu'elle entraîne échapperont-ils à la proscription générale ? Non. L'un mesure avec effroi la profondeur du gouffre qui va l'engloutir. Le plus âgé des deux autres a déjà reconnu que le péril est inévitable : il joint ses mains par dessus sa tête, et jetant un dernier regard vers les cieux, il semble s'écrier dans son désespoir : Dieu ! prenez pitié de moi, sauvez mon fils ! Ce fils, dans la vigueur de l'âge, moins prompt à implorer le ciel qu'à faire usage de ses propres forces, saisit d'un bras vigoureux les bords de la barque, tandis qu'avec l'autre il étreint subitement son père et le fixe un moment près de lui.

» Jeunesse confiante, ce courage présomptueux vous caractérise. Vieillards inattentifs aux menaces du courroux céleste, vous priez en périssant ! Tel est le caractère naturellement bon de l'homme ; et à moins qu'il n'ait perdu la raison, le terme de sa vie coupable amène toujours un remords.

» Cependant ces misérables vont périr ; leur tête va se briser sur la pointe des rochers, dont le gouffre est parsemé; ils n'ont pour dernier soupir que les traverses de la nacelle; déjà même elle se renverse, et l'on frémit en les voyant sur le point de ne s'y pouvoir plus maintenir.

» C'est ainsi que le Poussin, après avoir intéressé le spectateur à deux hommes dont l'action exprime une vérité si profonde, a eu l'art de prolonger son inquiétude cruelle; puisque, s'il ne l'a pas rendu témoin de leur mort, ce n'est que pour lui faire contempler, avec un double effroi, l'instant d'une chute qui l'annonce, et l'horreur des instans qui la précèdent.

» Après un groupe de cette beauté, on n'imaginerait pas qu'il y en eût d'autre capable de fixer l'attention; mais poursuivons cet examen.

» Sur un des côtés du tableau se voit de même une barque, avec trois personnages. L'un d'eux, avancé en âge, est enveloppé d'une étoffe épaisse; il arrive enfin, non pas à un rivage uni sur lequel on puisse facilement descendre, mais contre un roc médiocrement escarpé.

» Loin d'y courir se mettre à l'abri des naufrages, il s'efforce de fixer la barque au pied du rocher. Son corps et ses bras se roidissent dans la résistance qu'il oppose à tous les élémens. On juge qu'il est arrêté sur cette frêle machine par un intérêt plus cher que celui de sa propre vie. L'agitation qui se manifeste en ses traits ne permet plus d'en douter. On dirait qu'il n'agit plus que par une espèce d'instinct; et tandis qu'il donne à ce qu'il fait une attention secondaire, on le voit détournant ses regards, s'occuper vivement de ce qui se passe à l'extrémité de la barque.

» En effet, le spectacle qu'on y découvre dispose le cœur à la pitié, par la seule nature des objets qu'il présente aux yeux; tout ce qui environne ce groupe les y attire, tout ce qui le compose les y retient.

» Un enfant au maillot (cet âge intéresse), une femme éplorée (ce sexe est sûr de nous trouver sensible), voilà quels personnages y sont réunis, voilà quels êtres on a choisis pour nous accabler de leur infortune.

» Cette femme, dont l'attitude est si animée, dont la douleur est si vraie, implore le secours d'un homme qu'elle aperçoit sur le rocher. Il répond à ses cris; elle tend les bras. Il avance le sien. Tremblante de ne pas retrouver un hasard si favorable, on lit sur son visage un mélange de sentimens confus. Elle ne balance pas à délivrer l'enfant des horreurs d'une si dangereuse navigation; mais on observe en elle une secrète inquiétude, un doute fâcheux sur ce qu'il va devenir. Il lui en coûte de le perdre un moment de vue, et ce moment cruel et précieux, si elle tarde d'en profiter, se sera donc échappé sans retour !

» Ces combats, qui déchirent son cœur, jettent sur sa physionomie un trouble dont la vérité nous étonne. Son affection ne souffre point de partage : elle est toute réunie sur un seul objet. Elle oublie son époux, elle s'oublie elle-même, elle ne voit dans la nature entière que ce qui peut sauver son enfant, et ses moindres mouvemens font assez reconnaître qu'elle souffre à la fois les plus rudes tourmens de la tendresse maternelle.

» Il est facile de concevoir combien de pareilles scènes ajoutent d'horreur à toutes les horreurs du déluge.

» O Poussin ! étonnant artiste ! quel génie, quelle ame avais-tu donc pour imaginer des accidens si pathétiques, pour rendre des idées si touchantes avec une telle énergie !

» Mais ce n'est pas encore assez pour toi de cette situation attendrissante ; tu veux que l'incertitude vienne produire en moi la terreur ; il faut que j'ignore si cet enfant, pour qui une mère abandonne son propre salut, profitera de ce tendre dévoûment.

» Malgré les efforts du père pour maintenir la barque auprès du rocher, malgré ceux de la mère, qui élève son fils sur ses bras, autant qu'il lui est possible ; malgré la situation périlleuse où se place l'inconnu qui tente de le secourir, il ne saurait arriver à sa portée, et c'est vainement qu'il étend le bras sur cet infortuné. Cependant il s'en faut de si peu pour qu'il le touche, qu'on souffre d'avantage de voir la compation de cet homme inutile ; et le spectateur se surprend lui-même prêt à enlever le fils des bras de la mère, afin de le porter plus haut sur les siens. »

O sublime Poussin ! peintre immortel ! sors, s'il se peut, de ta tombe, viens visiter nos écoles, tu verras nos élèves entourer ta statue, faite de la main d'un grand maître de l'art (1),

---

(1) Julien, membre de l'Institut et de la Légion d'honneur, a exécuté, par ordre du Gouvernement, la statue en marbre du Poussin. Ce chef-d'œuvre est son dernier ouvrage ; il mourut peu de tems après.

et tu sauras qu'à la suite d'un siècle de mauvais goût, les artistes ont rendu justice à tes savantes compositions; tu verras enfin que tu règnes au milieu des plus célèbres maîtres, et que la France, que tu abandonnas pour des querelles domestiques (1), s'honore aujourd'hui de t'avoir vu naître!

Nous bornons ici nos recherches sur les artistes français; le siècle qui nous reste à parcourir nous est beaucoup plus familier que ceux que nous avons examinés jusqu'à présent, et nous avons tracé dans notre cinquième volume, d'une manière imparfaite à la vérité, quel fut l'état des arts en France dans le dernier siècle.

M. Claude Dejoux, sculpteur, membre de l'Institut, de la Légion d'honneur, son exécuteur testamentaire et son ami, lui a élevé, dans notre Muséum, un cénotaphe en marbre, qui fait honneur à son cœur et à son goût.

(1) Poussin, tracassé par des jaloux, quitta la France et se réfugia en Italie, où il mourut.

RECUEIL

DE

PORTRAITS INÉDITS

DES FEMMES ET DES HOMMES

QUI ONT ILLUSTRÉ LA FRANCE SOUS DIFFÉRENS RÈGNES.

Dans tous les temps on a fait faire son portrait ; et si l'amour inventa l'art du dessin pour calmer les ennuis qui suivent toujours l'absence de l'objet aimé, on peut aussi le considérer comme très-utile à l'historien, puisqu'il est le conservateur des traits de ceux qui ont vécu, et avec lesquels on aime à revivre encore. C'est principalement ce but que nous nous sommes proposé dans la réunion que nous avons formée, dans notre Musée des Monumens français, des bustes en marbre et en bronze, des médailles ou médaillons, et des portraits peints à l'huile des femmes et des hommes, dont les noms illustres sont consignés dans les Annales de la France.

La fille de Dibutade, en traçant l'ombre de son bien-aimé, employa le secours de son père pour conserver son image sous ses yeux. Inspirée par l'amour, elle voulut sans doute, par ce moyen naturel et ingénieux tout à la fois, la consacrer à la postérité. Tels sont les avantages précieux du peintre, du sculpteur et du graveur en médaille. Voici la fable que l'on raconte à ce sujet : « Dibutade étoit potier de terre à Sycione. On ignore le tems dans lequel il vivait. C'est à lui qu'on attribue le premier essai que la Grèce a vu de l'art de mouler en terre les objets. On rapporte que sa fille, vivement éprise d'un amant dont elle allait être séparée pour quelque tems, cherchait les moyens d'adoucir la rigueur de cette absence. Occupée de ce soin, elle remarqua sur une muraille l'ombre de son amant dessinée par la lumière d'une lampe : l'idée de se ménager cette image chérie lui fut inspirée par l'amour ; elle prit un stylet et en traça exactement le contour, qu'elle grava assez profondément. Dibutade, ayant considéré l'ouvrage de sa fille, imagina d'appliquer de l'argile sur ces traits, en observant les contours qu'elle avait dessinés. Il fit, par ce moyen, un profil de terre, qu'il enleva, qu'il mit cuire ensuite dans son fourneau. » Telle fut, dit-on, l'origine de la sculpture et de la peinture. Que cette tradition soit vraie ou fausse, il est au moins ingénieux d'avoir attribué à l'amour l'invention d'un art fait pour charmer tous les instans de la vie.

Dans une galerie qui serait uniquement destinée à recevoir les images des femmes et des hommes illustres d'une grande nation, on ferait un cours d'histoire, de morale et même de politique. Qui ne se sent pas ému d'un sentiment quelconque à la vue du portrait d'une femme ou d'un homme dont l'histoire a consacré pour toujours la célébrité? L'ame ne s'entretient-elle pas avec elle-même? elle s'échauffe, s'attendrit ou s'indigne. On approuve ou on blame la conduite du personnage qui frappe les yeux; et c'est ainsi que l'histoire des siècles passés se déroule, pour ainsi dire, devant nous. C'est précisément ce que présente la collection de nos Monumens français, déjà décrits dans les précédens volumes; c'est aussi ce que nous essayerons de continuer dans cet ouvrage, et on peut considérer la suite des gravures qu'il renferme comme une galerie ornée des portraits des femmes et des hommes célèbres, à l'aide desquelles on ferait un cours d'histoire.

PLANCHES

PREMIÈRE ET DEUXIÈME.

Portraits d'Héloïse et d'Abélard.

L'histoire de ces amans malheureux est trop connue pour entreprendre de la renouveler ici. Abélard ou *Abailard*, l'homme le plus instruit de son tems, fut reçu chez Fulbert, chanoine de Notre-Dame et oncle d'Héloïse, en qualité de précepteur : il était beau et bien fait de sa personne, composait et chantait agréablement des vers amoureux. Quels moyens de séduction pour une jeune fille dont l'ame encore pure et tendre est toute disposée par la nature à recevoir les premières impressions de l'amour ! Héloïse ne fut pas insensible aux visites fréquentes et aux caresses de son maître ; elle devint mère : voilà l'origine de leurs malheurs.

Héloïse était la femme la plus passionnée et la plus savante de son siècle ; elle aimait son époux pour lui-même ; ce qui a été pleinement justifié par sa conduite, puisqu'elle

HELOISE
Premiere Abesse du Paraclet
Morte en 1163.

s'est entièrement sacrifiée pour lui. Abélard, au contraire, n'aimait sa maîtresse que pour lui : égoïste, comme tous les gens de son ordre, il a entièrement sacrifié à son amour-propre ce qui devait lui être le plus cher au monde. Héloïse était belle, grande, svelte ; elle avait un port noble, et elle joignait à ces rares qualités toutes celles de l'esprit et de l'âme. Que de motifs de jalousie pour un homme vain qui n'aimait que lui et qui admirait son ouvrage dans son élève ? Le violent amour d'Abélard, l'infâme cruauté que Fulbert exerça contre lui, les jalouses persécutions qu'il éprouva de la part de saint Bernard, le rendirent en quelque sorte plus célèbre que ses savantes dissertations sur le *Pater*, sur *Ezechiel*, et sur la *Trinité*. (1)

Héloïse, en conservant toutes ses qualités physiques, fut constante dans son amour ;

---

(1) Saint Bernard, jaloux des talens d'Abélard, le persécuta pour ses opinions. Dans les lettres qu'il écrivit au pape Innocent II, sur son *Traité de la Trinité*, il dit : « Abélard est un horrible composé d'*Arius*, de *Pelage*, et de *Nestorius*, un homme sans règle, un supérieur sans vigilance, un abbé sans moines, un homme sans mœurs, un monstre, un nouvel *Hérode*, un *antechrist*, etc.

elle se retira du monde. Dans un être bien organisé, le souvenir seul d'une sensation physique bien éprouvée peut nous enchaîner pour toujours. Héloïse était cet être bien organisé : enfermée dans un cloître, elle fut la victime de cette sensation délicieuse dont elle n'avait plus que le souvenir. Réduite à jouir uniquement par la pensée, elle s'y conforma et elle trouvait encore des charmes et même du plaisir dans la correspondance qu'elle entretenait avec son amant : c'est ce qu'elle a parfaitement prouvé dans ses savantes épîtres.

Héloïse et Abélard maintenant sont jugés. Qu'il nous soit permis de promener nos regards sur le monument que nous avons élevé dans notre Musée des Monumens français, et dans lequel nous avons confondu leurs cendres. Nous dirons, à la suite de l'admiration que nous portons à ces personnages illustres, qu'un homme, leur juste appréciateur, a rendu à la capitale l'antique témoin de leurs premières amours et de leurs malheurs ; des ossemens précieux que la vente du Paraclet (1) aurait nécessairement dis-

---

(1) Abélard fonda le Paraclet pour Héloïse, en 1121, sous l'invocation de la sainte Trinité.

ABELARD ou ABAILARD

Mort en 1143 a l'age de 63 ans?

persés. Il a l'orgueil de penser, cet homme, qu'en déposant dans le temple des arts, au milieu des hommes les plus célèbres de la France, ce trésor jadis animé par l'ardeur de l'amour et par le feu du génie, il a rempli le devoir d'une ame vraiment pieuse, et qu'il a satisfait la postérité en prévenant, pour ainsi dire, l'insulte qu'un peuple égaré pouvait commettre sur les restes de deux personnages mémorables. Pour les chanter dignement suspendons nos écrits, appelons à notre secours Pope et Collardeau, et que chacun, en lisant leurs pages sublimes, admire la conduite d'Héloïse.

Les artistes de ce tems là n'ont rien fait pour nous conserver l'image de ces malheureux amans, poursuivis de toute part; on serait tenté de croire que l'envie avait d'avance rompu malicieusement les pinceaux du peintre et brisé l'ébauchoir du sculpteur. Les bustes, si connus pour être ceux d'Héloïse et d'Abélard, qui ornaient l'ancienne maison de Fulbert, cloître Notre-Dame, décrits sous ce titre dans tous les ouvrages que l'on a faits sur Paris, ne sont point les véritables bustes d'Héloïse et d'Abélard; ils ne datent point de leur tems, mais du commencement du quinzième siècle, comme je l'ai prouvé dans mon tome Ier, page 224 (1). A la suite de cet article, j'ai rendu compte du moyen que j'ai employé pour faire faire, comme il convenait, le buste d'Héloïse ; une main savante l'a exécuté.

La gravure que nous donnons dans ce Recueil a été fidèlement copiée d'après ce beau buste. Celle d'Abélard est faite d'après sa statue, qui couvre la tombe qui lui fut élevée immédiatement après sa mort, par Pierre le Vénérable, son supérieur et son digne ami. (2)

---

(1) Lors de la destruction de cette maison, je me suis empressé de recueillir, pour le Musée, ces deux bustes, ou plutôt ces deux médaillons, que j'ai placés dans la salle du treizième siècle.

(2) Le tombeau d'Abélard, que l'on voit dans le Musée des Monumens français, était placé avant la révolution dans l'église Saint-Marcel, près Châlons-sur-Saône, où je l'ai reçu des mains de M. Boisset, médecin, qui en a fait hommage au Musée, et qui l'avait acheté pour arrêter sa destruction. Abélard mourut à Saint-Marcel en 1142, à l'âge de soixante-trois ans. Héloïse demanda le corps de son époux; elle l'obtint et le fit enterrer au Paraclet, où elle mourut elle-même en 1163, fort avancée en âge. *Voyez* tome I, page 230, la lettre que M. Boisset m'a adressée à ce sujet.

Pl. 3.

JEAN
Duc de Bourgogne,
assassiné par Tannegui Duchâtel
en 1419.

PLANCHE TROISIÈME.

Portrait de Jean, duc de Bourgogne.

Jean, duc de Bourgogne, surnommé *Sans-Peur*, fils de Philippe le Hardi, duc de Bourgogne, et de Marguerite de Flandres, né en 1371, succéda à son père en 1404. Il était d'une petite stature, mais vigoureux et d'un courage extraordinaire, vif, d'un esprit pénétrant, décidé et employant tous les moyens pour réussir dans ses entreprises; la France lui doit en partie les malheurs qu'elle éprouva sous le règne de Charles VI. En 1385, il épousa Marguerite, fille du duc Albert de Bavière, comte de Hainault.

Le roi de France lui donna, en 1395, le commandement de l'armée qu'il envoya au secours de Sigismond, roi de Hongrie, qui était en guerre avec les Turcs. Son armée fut taillée en pièces près Nicopolis; il fut fait prisonnier et conduit vers Bajazet, qui allait lui faire trancher la tête en sa présence, ce qu'il fit à l'égard des autres prisonniers de guerre, lorsqu'un vieux Turc conseilla à l'empereur de lui conserver la vie, et d'en tirer une forte rançon.

Jean ne pouvait exister dans la paix: de

retour en France, il renouvela d'anciennes querelles avec la maison d'Orléans, que son mauvais esprit avait fait naître. Les deux partis mirent, chacun de leur côté, une armée formidable, et le sang des Français coula pour la querelle des deux maisons d'Orléans et de Bourgogne, que l'on distingua parfaitement par le mot propre de *faction du duc d'Orléans*, appelée aussi des *Armagnacs*, du nom du comte d'Armagnac, beau-père du duc d'Orléans; et *faction du duc de Bourgogne*. Fatigués de verser le sang, les princes neutres se rendirent intermédiaires entre les deux partis; pour obtenir la paix, on profita de la guerre qui existait entre l'Angleterre et la France; on envoya les troupes du duc d'Orléans en Guienne, et les troupes du duc de Bourgogne en Picardie. Jean n'eut pas mis le siége devant Calais, qu'il reçut l'ordre de son roi de se retirer; soupçonnant que cette disgrace était l'ouvrage du duc d'Orléans, frère du roi, il résolut sa mort, et le fit assassiner, ce qui s'exécuta à Paris, rue Barbette, le 22 novembre 1407. Il se retira en Flandre (1): à force

---

(1) On voit, dans le Musée des Monumens français, salle du XVe siècle, les mausolées de Louis de

d'intrigues, il rentra en grace en 1408, et revint à Paris, où il fut reçu avec un enthousiasme extraordinaire. Il se justifia auprès du roi de son crime, et obtint des lettres de grace. Cependant, Valentine de Milan, de concert avec ses enfans, pendant qu'il marchait contre les Liégeois qui s'étaient révoltés, essaya de faire casser les lettres de grace qu'il avait reçues; mais comme il revint victorieux, leur projet resta sans succès, et il reprit de nouveau les rênes du gouvernement. Alors Jean donnait carrière à son ressentiment; il se vantait publiquement de l'assassinat du duc d'Orléans, d'avoir essayé de faire décapiter Montagu et de déposséder le connétable d'Albret, qui avait pris le parti du frère du roi. Ce fut pour Paris le signal de la guerre civile. Le dauphin et les autres princes, jaloux de son pouvoir et furieux de son insolence, armèrent contre lui; il leur opposa un parti formidable : la guerre civile recommença dans Paris, et le sang

---

France, duc d'Orléans, celui de Valentine de Milan, sa femme; du roi Charles VI; du roi Charles VI; ceux d'Isabeau de Bavière et de Tannegui du Châtel, dont il sera parlé plus bas.

coulait de toutes parts, pendant qu'un cordelier nommé *Jean Petit* prêchait en faveur du duc de Bourgogne, et excitait les parisiens à l'assassinat. Ce moine eut l'insolence de soutenir publiquement, dans une audience que le dauphin présidait, *que le duc d'Orléans s'était montré un impie et un tyran ; qu'il était permis de tuer les tyrans ; que par conséquent, on n'avait fait, en le tuant, qu'une action juste ; et que le duc de Bourgogne, loin d'être puni, devait être récompensé, comme l'archange Michel l'avait été d'avoir chassé Lucifer, et Phinées d'avoir tué Zambri.* Cette apologie prouve bien que rien n'est sacré, même pour les gens d'églises, lorsque la passion ou l'ambition les animent. Ce tableau nous paraît une image parfaite de la révolution dernière. La guerre dura plus de sept ans contre les deux maisons : dans ces entrefaites, Jean se ligua avec la reine, qu'il avait délivrée du château de Tours, où elle était gardée à vue par ordre du roi et du dauphin : Jean se rend de nouveau maître de Paris ; les factions se réveillent ; la guerre civile s'allume ; les meurtres et les assassinats recommencent. Celle des deux factions qui avait le dessus, faisait tour à tour conduire au supplice, assassiner ou brûler ceux de la faction contraire. Le connétable d'Armagnac, le chancelier du Marle, un certain nombre d'évêques et plusieurs parlementaires périrent dans cette dernière affaire ; on fait monter le nombre des personnes de distinction qui furent assassinées à plus de seize cents : le dauphin, depuis roi de France sous le nom de Charles VII, usa de ruse pour se défaire du duc de Bourgogne : il feignit de se réconcilier, lui proposa en conséquence un traité secret, et pour le mieux surprendre, il lui donna rendez-vous sur le pont de Montreau Faut-Yonne. Le duc, plein de confiance, arrive le 10 septembre 1419 au rendez-vous; en saluant le dauphin, il est tué d'un coup de hache sur la tête, par Tannegui Duchâtel, qui s'était posté là exprès. Ainsi finit, à l'âge de quarante-huit ans, ce fameux duc de Bourgogne, auteur des maux sans nombre dont Paris fut le théâtre, par la faiblesse d'un roi en démence, et les intrigues d'une femme cruelle. *Ainsi, le meurtre du duc d'Orléans fut vengé par un autre meurtre* : tel est généralement le sort des chefs de partis. Le corps du duc de Bourgogne fut porté dans l'église des Chartreux de Dijon, où on lui éleva un tombeau magnifique, qui depuis a servi de sépulture à cette famille (1).

PLANCHE QUATRIÈME.
Portrait de Philippe le Bon.

Philippe le Bon, duc de Bourgogne, de Brabant et de Luxembourg, comte de Flandres, d'Artois, de Hainault, de Hollande, de Zélande, etc., fils de Jean Sans-Peur, né à Dijon en 1396, succéda à son père en 1419, dans l'espoir de venger son assassinat. Pour y parvenir, il se fait un plan de conduite; il s'allie avec les Anglais, traite de la paix entre leur roi Henri V et Charles VI, roi de France, et négocie en même tems le mariage de Catherine de France avec le fils du roi d'Angleterre, qu'il fait déclarer, par cette alliance, héritier et successeur de la couronne de France, au préjudice de Charles, dauphin, qu'il voulait frustrer

---

(1) Ce beau et magnifique monument a été entièrement détruit par les révolutionnaires de 1793.

Pl. 4.

PHILIPPE LE BON
Duc de Bourgogne
mort en 1467.

de ses droits légitimes. Cette alliance irréfléchie alluma la guerre et conduisit la France dans de grands désordres.

Philippe le Bon quitta le parti des Anglais, se réconcilia avec le roi Charles VII, en 1435, après l'avoir forcé de capituler; il profita de la faiblesse de ce roi, et l'obligea en quelque sorte, par son traité d'Arras, à réparer la mort de Jean son père, en exigeant 1° des sommes considérables ; 2° plusieurs villes ; 3° des priviléges et des franchises extraordinaires. Cette réconciliation fallacieuse de la part du duc produisit néanmoins un grand effet; les princes et les villes rentrèrent dans le devoir, et Paris en manifesta publiquement de la joie, lorsqu'il fit son entrée dans cette ville avec le roi, qui était accompagné du connétable de Richemont, du comte de Dunois, et des principaux de l'Etat, par les cris réitérés de *vive le roi, vive le duc de Bourgogne*. Philippe le Bon négocia de suite le retour du duc d'Orléans, âgé alors de vingt-six ans, qui était retenu en Angleterre depuis la bataille d'Azincourt : il paya sa rançon de ses propres deniers; et pour éteindre tous ressentimens entre les maisons de Bourgogne et d'Orléans, il fit épouser Marie de Clèves, sa nièce, au duc d'Orléans, lui conféra l'ordre de la Toison d'Or, qu'il avait institué en 1429 (1), et l'emmena de suite dans ses Etats. Après la mort de Charles VII, Philippe le Bon revint à Paris pour faire sacrer le nouveau roi, Louis XI (2), qu'il reçu chevalier, en grande cérémonie : il accompagna le roi, en 1461, lorsqu'il fit son entrée dans Paris.

Deux caractères de la nature de ceux de Louis et de Philippe, placés au premier rang, ne pouvaient vivre longtems en paix. Bientôt Philippe le Bon, son fils, le comte de Charolais, Charles, duc de Berry, frère du roi, le duc de Bretagne et le comte de Dunois, se réunirent aux princes mécontens, et formèrent contre Louis XI une ligue, qui fut appelée *la Ligue du bien public*. Le roi, pour faire diversion, fit soulever secrètement les Liégeois, dans l'espérance d'éteindre une faction qui pouvait lui être préjudiciable. Philippe envoya contr'eux, en 1466, le

---

(1) *Voyez* dans cet ouvrage, tome 2, page 106.
(2) *Voyez* même ouvrage, tome 2, page lxix, et tome 4, page 124.

comte de Charolais, avec une armée formidable, qui réduisit la ville en cendres après avoir passé tous les habitans au fil de l'épée. *Le vieux duc de Bourgogne*, surnommé le Bon, *malgré les infirmités de son âge, eut la barbarie de faire porter sa chaisse au siége de la ville, pour repaître ses yeux de cet affreux spectacle.* Il se retira à Bruges, où il mourut, le 15 juin 1467, à l'âge de soixante-onze ans. Voici le portrait qu'on nous a laissé de Philippe le Bon : « Philippe était
» vaillant, hardi, prudent et sage, heureux,
» magnifique, libéral, respecté, craint, aimé,
» honoré de toutes les puissances : ayant cor-
» rigé tout ce qui était vicieux dans ses Etats,
» il a mérité, entre tous les autres, l'excellent
» et honorable titre de *bon duc*. Il a reçu des
» honneurs admirables des papes, des empe-
» reurs, des rois et des princes, tant d'Orient
» que d'Occident : il reçut des ambassadeurs
» de toutes les puissances, et envoya plusieurs
» vaisseaux aux papes Nicolas IV et Pie II,
« pour secourir les chrétiens contre les
» Turcs. Il a eu la gloire de gagner plu-
» sieurs batailles, entr'autres celle de Saint-
» Riquer ou de Mons en Vimeu, en 1421;
» celle de Cravan, en 1423; celles d'Ou-
» denarde et de Gaure, sur les rebelles

» de Gand, qu'il châtia et mit à la raison;
» comme aussi ceux de Bruges, et subjugua
» les Liégeois plusieurs fois, qui avaient abusé
» de sa clémence et de sa bonté. Il a joint à
» sa maison les duchés de Brabant, de Luxem-
» bourg, de Limbourg, les comtés de Hol-
» lande, de Zélande, Hainault et Namur;
» enfin a mis la maison de Bourgogne dans
» la suprême grandeur et autorité. Après sa
» mort, son corps fut porté à Dijon, et dé-
» posé dans l'église des Chartreux. Charles,
» comte de Charolais, dit le *Guerrier*, son
» fils, lui a succédé. »

PLANCHE CINQUIÈME.

Portrait de la reine Isabelle de Bavière, femme de Charles VI.

Isabelle de Bavière, ou Isabeau, fille d'Etienne, dit le *Jeune*, duc de Bavière, fut marié à l'âge de quatorze ans, en 1385, à Charles VI, roi de France, qui l'aimait éper-dûment. Cette princesse, qu'on nous représente d'une beauté extraordinaire, se rendit odieuse à toute la nation par une conduite non seulement scandaleuse, mais criminelle. Profitant de la faiblesse de son mari, qu'elle

ISABELLE DE BAVIERE
femme du Roi de france Charles VI.
Representée à l'age de 14 ans
elle meurt en 1435.

n'aimait pas, elle se livra entièrement au duc d'Orléans, son beau-frère. Il s'empara du gouvernement, rendit l'ordonnance suivante, au mois d'avril 1403, qui depuis fut fidèlement suivie : « *Lorsque le roi montera sur le trône, en quelque minorité qu'il soit, il sera réputé roi, et le royaume sera gouverné par lui, et en son nom, par le plus prochain prince de son sang, et par les plus sages hommes de son conseil.* » Ainsi réunis et les maîtres du pouvoir, ces deux amans s'emparèrent des finances de l'Etat, laissant les autres princes de la cour dans la détresse et manquer de tout : par cette mauvaise conduite, ils fomentèrent une guerre civile, et favorisèrent ainsi les prétentions de Jean, duc de Bourgogne, assassin du duc d'Orléans, en 1407. Prisonnière à Tours, Isabelle se lia d'intérêt avec ce duc, qui la délivra, et qui se rendit de suite maître de Paris. *Paris fut pris*, disent les chroniques, *et les Armagnacs furent, avec tous leurs partisans, exposés aux fureurs d'une milice sanguinaire, de la lie du peuple, que la reine autorisait.* Cette méchante femme mourut en 1435, dit-on, d'un serrement de cœur occasionné par les railleries et les ou-

trages continuels que chacun prenait plaisir à lui dire en face; entr'autre chose, que *le roi Charles VII n'était point son fils*, etc., etc. Ce qu'il y a de plus remarquable dans son histoire, c'est la description des magnifiques réjouissances qui se firent à l'occasion de son mariage et de son couronnement, pour lesquels on fit des dépenses extraordinaires. « Isabelle était très-galante : le
» plus célèbre de ses amans fut son beau-
» frère, le duc d'Orléans. Son cœur était
» vindicatif et son esprit plein de détours
» pernicieux. Cette mère dénaturée mit tout
» en œuvre pour exclure de la couronne le
» fils unique qui lui restait, et pour la faire
» tomber à Henri V, roi d'Angleterre, qui
» avait épousé Catherine sa fille; et, *si cette
» princesse passa les derniers temps de sa
» vie dans l'humiliation et le mépris, c'é-
» tait une bien légère punition de sa mé-
» chanceté.* » Détestée de la nation entière, elle fut, contre l'usage, conduite à Saint-Denis, après sa mort, sur la rivière de Seine, dans un simple batelet, accompagnée d'un seul prêtre et d'un valet (1).

---

(1) *Voyez* son tombeau dans le Musée, salle du XVe siècle; sa gravure et sa description, tom. 2., p. 110.

Pl. 6.

CHARLES VII,
Roi de France
mort en 1461.

On ignore le nom de l'auteur du portrait d'Isabelle de Bavière que l'on voit ici. Elle est représentée jeune, coiffée d'une toque élevée en forme de pain de sucre, à peu près comme celles que portent nos Cochoises. Cette coiffure, dont elle introduisit l'usage en France, se nommait *coiffure à la Henin*. *Voy*. dans cet ouvrage, tome 3, page 110, ce que nous avons dit sur cette coiffure.

PLANCHE SIXIÈME.

Portrait du roi de France Charles VII.

Charles VII, roi de France, était le cinquième fils du roi Charles VI et d'Isabeau de Bavière, né à Paris, le 22 février 1403. Il succéda à son père le 21 octobre 1422, à l'âge de dix-neuf ans et huit mois. Il épousa, en 1422, Marie d'Anjou, fille de Louis, roi de Naples, dont il eut entr'autres enfans Louis XI, son successeur. Il reconquis son royaume par la valeur du comte de Dunois et de la Pucelle d'Orléans, qu'il livra lâchement dans la suite au pouvoir des ennemis. En 1436, il chassa les Anglais de Paris, dont ils avaient été les maîtres pendant dix-huit ans, et se fit sacrer à Reims, le 17 juillet 1429, en présence de cette même Jeanne d'Arc, qui lui avait aidé à reconquérir ses Etats. Charles, plus occupé de ses plaisirs que de gouverner, aima passionnément Agnès Sorel. Ayant passé sept jours sans manger, dans la crainte d'être empoisonné par son fils, il se laissa mourir de faim à Meun en Berry, à l'âge de cinquante-huit ans, le 21 juillet 1461, après avoir régné trente-huit ans et neuf mois. « Ce roi, disent » les historiens, avait des qualités aimables » et brillantes même; mais il se laissa gouverner par ses courtisans et ses maîtresses: » il aimait cependant la vérité; *mais qu'est-elle devenue*, disoit-il quelquefois? *il faut qu'elle soit morte, et morte sans confesseur.* »

PLANCHE SEPTIÈME.

Portrait de Jeanne d'Arc, dite la Pucelle d'Orléans.

Jeanne d'Arc était une de ces femmes nerveuses dont la tête s'exalte facilement, qui se persuadent que tout ce qu'elles inventent est une réalité; qui, dans cet état, disent des

JEANNE D'ARC.
dite la Pucelle d'Orléans
condamnée par la Sorbonne et brulée
comme Sorcière en 1431.

choses incroyables, comme faisaient les Sibylles chez les anciens, et qui, lorsqu'elles agissent, font des choses si surhumaines, qu'on les croit inspirées. Nous sommes bien loin de blâmer les actions de cette fille célèbre, mais nous dirons qu'elle a sans doute été endoctrinée par quelqu'un, d'un esprit propre à la persuasion ; car, comment peut-on supposer que la fille d'un paysan, sans éducation et sans aucun secours étranger, a eu assez d'énergie pour entreprendre d'elle-même de marcher à la tête des armées, pour délivrer son roi de la captivité, quand les hommes les plus braves étaient là, et pour dire, de son propre mouvement, pour faire réussir son entreprise, qu'elle était inspirée de l'esprit de Dieu ? C'est ce qu'on aura de la peine à concevoir ; d'ailleurs on sait que Jeanne d'Arc parlait partout de sa prétendue révélation, et qu'elle débitait publiquement « *que la ville d'Orléans serait délivrée de* » *sa main des Anglais; qu'ils seraient* » *vaincus et chassés de la France; que* » *le roi serait couronné à Reims; qu'il fallait qu'elle l'accompagnât en cette cérémonie, et que, travestie en homme,* » *elle l'allât trouver, et lui demandât*

» *hommes, chevaux et armes, afin qu'elle-*
» *même combattît pour son service.* »

Nous n'entreprendrons point de rappeler ici l'histoire de cette fille extraordinaire et malheureuse, nous nous contenterons seulement d'admirer, avec la postérité, les prodiges incroyables que sa valeur lui fit faire (1), et nous ajouterons que ce n'est pas la première fois que l'on a vu de semblables héroïnes dans les armées françaises, à l'*inspiration* près de Jeanne d'Arc, qui est, à ce que je pense, une *jonglerie* du tems ; puisque, de nos jours, une femme guerrière a reçu une récompense honorable de la main du roi pour ses services militaires. L'antiquité nous en offre plusieurs exemples.

Jeanne d'Arc, ou *du Lis*, est née l'an 1412, à Domremi, près de Vaucouleurs, en Lorraine, d'un paysan appelé Jacques d'Arc. La célébrité dont jouissait Jeanne d'Arc fit naître plus d'une *pucelle inspirée*, et les mit à la mode ; car il y avait une seconde pucelle,

---

(1) *Voyez* dans notre description du Musée, tome 2, page 112, l'article que nous avons donné sur Jeanne d'Arc.

nommée *Catherine de la Rochelle*, qui suivait l'armée de Charles VII, parlant aussi par inspiration, mais qui ne combattait pas. Une autre pucelle parut dix ans après l'infâme et injuste supplice (1) que l'on fit subir à Jeanne d'Arc ; ses partisans profitèrent de l'occasion pour dire qu'elle était ressuscitée; d'autres, plus sages, dirent qu'elle n'était pas morte et qu'on avait substitué une autre personne à sa place. La gravure du portrait de Jeanne d'Arc, que nous donnons ici, a été faite d'après une peinture fort ancienne, dont nous ne pouvons pas fixer précisément l'époque de l'exécution; mais nous pensons qu'elle a été faite à peu près vers 1500.

M. Gois fils, sculpteur, s'est distingué d'une manière remarquable dans l'exécution, en bronze, d'une statue pédestre de Jeanne d'Arc, qu'il a été chargé de faire pour la ville d'Or-

---

(1) La lâcheté du roi dans cette circonstance est aussi extraordinaire que les prodiges de valeur que fit Jeanne d'Arc pour lui rendre le trône qu'il avait perdu. Quant à l'esprit de la *Sorbonne*, on le connaît ; on sait qu'il est toujours le même : *Dieu nous en préserve!* C'est le vœu d'un ami de son prince et de l'humanité.

léans, en remplacement du monument qui ornait la plus belle place de cette ville avant les désastres qui désolèrent la France en 1793.

PLANCHE HUITIÈME.

Portrait d'Agnès Sorel, maîtresse du roi Charles VII.

Agnès Sorel, ou *Soreau*, la plus belle personne de son siècle, faisait tant de bruit par sa beauté, que le roi Charles VII voulut la voir. Il l'a vit en effet : il en devint tellement amoureux qu'il ne voulut plus la quitter. Charles donna à la belle Agnès le château de *Beauté*, sur Marne, et une grande quantité d'autres terres pour la récompenser. Agnès, voyant que le roi oubliait près d'elle les affaires de son gouvernement, eut le bon esprit de lui reprocher son indolence. Les femmes en général aiment à trouver du courage dans leurs amans : Charles n'en manquait pas ; mais il était enchaîné par l'amour. Agnès lui rappela tous ses devoirs, en supposant qu'un astrologue lui avait prédit « qu'elle serait » aimée du plus grand roi du monde ; mais

pl. 8.

AGNÈS SOREL, ou SOREAU

Maitresse du roi de France Charles VII.

morte en 1450.

» que cette prédiction ne le regardait point,
» puisqu'il négligeait d'arracher à ses enne-
» mis un Etat qu'ils lui avaient usurpé. *Je ne
» puis*, ajoute-t-elle, *accomplir ma pré-
» diction qu'en passant à la cour du roi
» d'Angleterre.* » Ces reproches amères tou-
chèrent tellement Charles VII, qu'il prit les
armes pour satisfaire en même tems son
amour et son ambition : la belle Agnès gou-
verna ce prince jusqu'à sa mort, arrivée en
1450. Elle se fit aimer par la grace de son
esprit et sa bonté ; elle dota plusieurs maisons
religieuses, fit beaucoup de biens aux pau-
vres, entr'autres aux chanoines de Loches,
qui voulurent outrager sa cendre après sa
mort, et contre l'ingratitude desquels Louis XI
fut obligé de sévir.

La gravure que nous donnons de cette
femme intéressante a été faite d'après sa
statue, qui ornait son tombeau, placé, avant
la révolution, dans l'église cathédrale de Loches, et dont nous avons conservé le buste
dans notre Muséum. (1)

---

(1) *Voyez* tome 5, page 226 de notre ouvrage, les
vers que François Ier, roi de France, fit pour mettre

PLANCHE NEUVIÈME.

Portrait de Charles, duc de Bourgogne.

Charles, duc de Bourgogne, fils de Philippe le bon, naquit à Dijon, en 1433, et succéda à son père en 1467. Les surnoms de *Hardi*, de *Guerrier*, de *Téméraire* et d'*Ambitieux*, qu'on lui a donné, peignent suffisamment son caractère; nous nous bornerons donc à l'idée précise que ces noms présentent à l'imagination. Ce prince belliqueux, n'étant encore que comte de Charolais, et par conséquent fort jeune, remporta une victoire signalée à Montlhéri contre le roi Louis XI, qu'il considéra depuis comme son adversaire. Le roi de France usa de ruse pour se venger de sa défaite, il vint trouver ce prince en personne, sous prétexte de traiter avec lui. Pendant qu'il l'amusait ainsi, il provoquait un soulèvement à Liége. Le duc en fut averti, châtia sévèrement les rebelles Lié-

---

au bas du portrait d'Agnès Sorel que madame de Boissy, de la maison d'Haugest, qui l'avait dessiné, lui montrait.

CHARLES,
Duc de Bourgogne
fils de Philippe le Bon.
mort en 1477.

geois; fit piller et brûler la ville, et força Louis XI à traiter de la paix. Louis, à son retour, usa de représailles envers le duc, et lui prit les villes d'Amiens, de St.-Quentin, qui lui avaient été rendues par le traité de Conflans. Charles, voyant qu'il était dupe du rusé Louis XI, lève une armée considérable, pénètre dans les villes de Roye et Montdidier, met infructueusement le siége devant Beauvais, qui fut vigoureusement défendue par les *femmes* de la ville, à la tête desquelles était Jeanne Hachette, dont le nom est encore révéré (1). Charles passe en Normandie, où il se rend maître de plusieurs places. Ces deux princes, qui se voyaient perpétuellement comme deux champions en présence dans l'armée, se proposèrent mutuellement une seconde trève, que Louis XI rompit même pendant que le traité avait lieu. C'est ainsi que ces hommes se jouèrent l'un de l'autre jusqu'à la mort.

Charles avait l'ambition de se faire nommer

---

(1) Le jour de l'assaut, Jeanne Hachette parut sur la brèche, arracha le drapeau qu'un soldat ennemi voulait y planter, et jeta le soldat qui la portait au delà de la muraille.

roi de la *Gaule-Belgique*; mais il mourut avant de recevoir ce titre, qui flattait infiniment son orgueil et sa vanité. Il eut l'infamie de livrer à Louis XI le comte de Saint-Pol, qui s'était réfugié chez lui après en avoir reçu un sauf-conduit, et l'avoir vaillamment servi à la bataille de Montlhéri (1). Cette lâcheté lui valut la ville de Saint-Quentin, plusieurs châteaux forts, et tous les biens de cette malheureuse victime. Depuis cette perfidie la fortune l'abandonna, et il éprouva revers sur revers; il fut chassé de Nanci par René, duc de Lorraine. Charles, vivement affecté de sa défaite, résolut de faire un der-

---

(1) « Louis de Luxembourg, comte de Saint-Pol, avait servi avec succès sous Charles VII. Après la mort de ce prince, il s'attacha au duc de Bourgogne, qui lui donna le commandement de l'avant-garde de son armée à la bataille de Montlhéri. Louis XI, pour l'attirer à son service, lui donna l'épée de connétable; mais pour se maintenir dans la ville de Saint-Quentin, dont il s'étoit emparé, il trahit successivement le roi et le duc de Bourgogne. Craignant le ressentiment de Louis XI, il se rendit auprès du duc de Bourgogne, qui le rendit au roi. Son procès lui fut fait, et il eut la tête tranchée à Paris, le 14 décembre 1475. »

Pl. 10.

LOUIS XI,
Roi de France
mort en 1483.

nier effort, de *vaincre* ou de *mourir*. Il reparut devant Nanci après avoir rassemblé les restes de son armée, à la tête de laquelle il fut tué dans le premier combat qu'il livra au duc de Lorraine, en janvier 1477. C'est ainsi que finit la turbulente et ambitieuse famille des ducs de Bourgogne. Charles fut enterré à Nancy ; mais, en 1553, son corps fut transporté à Bruges.

Nous pensons que le tableau d'après lequel nous avons fait faire notre gravure, n'est qu'une copie, parce que la touche en est molle, et qu'elle ne porte point le caractère d'une peinture de ce tems là.

PLANCHE DIXIÈME.

Portrait du roi de France Louis XI.

Louis XI, fils de Charles VII et de Marie d'Anjou, est né à Bourges, en 1423 (1). Le caractère de ce prince, qui fut surnommé le *Tibère* de la France, est un assemblage bizarre

---

(1) *Voyez* dans notre ouvrage ce que nous avons dit de ce prince, tome 2, page xix; tome 4, page 22; et tome 5, page 310.

de vice et de vertu, de courage et de lâcheté. Comme il disait *qu'un roi ne savait régner s'il ne savait dissimuler*, la fourberie et le mensonge lui étaient également propre pour arriver à ses fins. Il avait de l'esprit, de la finesse ; mais son cœur était atroce : il régna par les échafauds : on compte jusqu'à quatre mille de ses sujets qui furent exécutés sous son règne. Ce qu'il fit à l'égard des malheureux enfans de Jacques d'Armagnac, duc de Nemours, qu'il fit supplicier publiquement, fait frémir. Arrêtons-nous ; ne rappelons point à nos lecteurs des crimes qui sont trop connus ! Cruel et sanguinaire, comme toutes les ames faibles, Louis XI était dévôt à l'excès par pusillanimité ; il avait tellement peur de la mort, qu'il se couvrait le corps de toutes sortes de reliques dans l'espérance de s'en garantir ; il portait à son chapeau une petite vierge de plomb à laquelle il demandait continuellement pardon de ses crimes. Il fonda à Cléry une église, sous l'invocation de Notre-Dame, pour y placer une *bonne vierge* des environs dans laquelle il avait beaucoup de confiance. Nous rapporterons ici ce qu'on raconte encore à Cléry sur l'origine de cette fondation.

L'image de la Vierge, dite *Notre-Dame*

de Cléry, si célèbre dans la vie de Louis XI, avant son installation dans cette ville occupait l'église de Mézière. Là, délaissée par les habitans de ce bourg et dégoûtée de voir son culte pour ainsi dire abandonné, la Vierge elle-même résolut un jour d'éloigner son culte de Mézière, d'enlever sa statue, et d'élever ailleurs un oratoire propre à réchauffer la piété des fidèles des lieux d'alentour. Voici, dit-on, comment elle opéra la translation de sa chapelle et de son culte : Elle prit de la terre dans son tablier, qu'elle transporta d'abord à l'endroit où on voit la petite montagne qui est située entre Cléry et Mézière, lieu où elle desirait voir s'établir son culte, dans un oratoire particulier. Il faut observer que, suivant la tradition, on ne nomme pas le lieu où la Sainte-Vierge fit sa provision de terre, provision assez considérable, puisqu'elle forme aujourd'hui une petite montagne. Ceux qui racontent naïvement cette petite anecdote, pour rendre le miracle plus merveilleux, ajoutent que ce qu'il y a de plus inconcevable dans l'opération miraculeuse de la Sainte-Vierge, c'est qu'on ne trouve dans les environs aucune fosse qui puisse fixer les idées sur le lieu où elle a ramassé la grande quantité de terre qu'elle a transportée ; c'est donc par la force d'une puissance supérieure qu'elle est parvenue à former cette montagne.

La Sainte-Vierge mettait toutes ses espérances dans le choix de son local, et elle se flattait d'un parfait bonheur dans sa petite habitation, lorsqu'elle fut extraordinairement tracassée par un certain Judas, qui n'était pas celui qui trahit Jésus-Christ, mais bien le pasteur de l'église de Mézière, qui se nommait Judas, qui, en perdant la statue de la Sainte-Vierge, dont il se croyait le propriétaire, voyait fuir le petit nombre de ses adorateurs, et par conséquent voyait aussi s'évanouir le pieux revenu que lui rapportait son culte. Comme le maître du logis, il voulut s'opposer au départ de la Sainte-Vierge ; il osa la menacer dans sa nouvelle demeure de brûler son oratoire et de la poursuivre partout où elle l'établirait. La bonne Vierge était femme ; elle devint opiniâtre dans sa volonté, en raison de la persécution qu'on lui opposait ; elle se décida à une seconde fuite. Elle ramasse une seconde fois de la terre, qu'elle met de même dans son tablier, et dirige, sans intention, ses pas vers la

Loire; se fixe, pour se reposer de ses fatigues, non loin du lieu où elle s'était reposée la première fois; elle y déposa la terre qu'elle avait dans son tablier, et s'y arrête définitivement, dans l'espoir d'être débarrassée de M. Judas, son ennemi déclaré. Vain projet; le diable était là : où n'est-il pas? Le curé, attaché à ses intérêts comme Judas lui-même, tint parole, et continuait ses persécutions, lorsque le *saint* et le *bon* roi de France, Louis XI, instruit des peines et des soucis de la Sainte-Vierge, en eut pitié, la prit sous sa royale protection, et lui fit bâtir la belle église de Cléry, qu'il lui dédia sous le titre de *Notre-Dame de Cléry*. Pour faire les choses grandement et tranquilliser complétement la Sainte-Vierge sur les tracasseries et les vexations journalières que lui suscitait le curé, et même pour éloigner toute espèce de maléfice de sa part, le bon roi fonda dans son église un chapitre de chanoines chargés de veiller tous les jours à la garde et à la sûreté de ce qu'il appelait sa *bonne Vierge*; et pour marque insigne de l'attachement qu'il lui portait, il voulut être enterré auprès d'elle. Ce fut effectivement dans ce lieu qu'il cessa d'être roi, et qu'il rentra dans la classe ordinaire des hommes. Il ordonna lui-même son tombeau, qui fut violé et pillé à la suite des guerres de religion : il fut reconstruit ensuite, et c'est le marbre que l'on voit dans le Musée sous le n° 471, qui est gravé et décrit dans l'ouvrage sur les Monumens français, tome IV, page 123. Louis XI avait aussi son intérêt particulier en secourant ainsi la bonne Vierge; il lui demanda, en échange du service important qu'il lui avait rendu, de prier le bon Dieu de lui donner une place dans le paradis, sur le même banc qu'occupaient ses prédécesseurs, Clovis et Charlemagne. On ne sait, dit un plaisant auquel on contait cette histoire, car elle passe pour telle à Cléry, si la bonne Sainte-Vierge, qui promit beaucoup, a tenu parole à Louis XI. Le seul fait qui soit vrai dans tout ceci, c'est que le chapitre de Cléry a existé jusqu'au décret de l'assemblée nationale qui a détruit ces sortes de fondations. Voilà l'origine que l'on donne sur les lieux mêmes à l'église Notre-Dame de Cléry et à un monticule qui se trouve non loin de là.

Cette translation miraculeuse de la statue de la Sainte-Vierge, d'un lieu dans un autre, ressemble parfaitement à la prétendue translation de la maison de Nazareth à Lorette, sous le pape Benoît VIII; à celle de l'âne de Jésus-Christ, qui avait passé et marché à pied sec sur les mers pour se rendre à Véronne. La fable que l'on débite à Cambrai est dans le genre de celles-ci. Pendant le siége de la ville par les Espagnols, la Sainte-Vierge se présente sur les remparts sous la forme d'une jeune fille bien découplée, arrête toutes les bombes et tous les boulets qui sont dirigés sur la ville, et les reçoit dans son tablier. Le général espagnol s'aperçoit bientôt de ce tour de passe passe, devient furieux et insulte la jeune fille invulnérable, qui le frappe aussitôt d'aveuglement. Le général aveugle reconnut sur le champ la puissance divine et sa sottise : se jetant à deux genoux devant la jeune fille, il lui demande pardon et lui promit de donner à sa cathédrale de Cambrai une couronne d'or assez considérable pour que, monté sur son cheval, il puisse tourner dans son intérieur sans en toucher les bords, s'il recouvrait la vue. La Vierge reconnut la vérité de son repentir, et son vœu fut accompli. On voyait encore avant la révolution le modèle, en cuivre doré, de cette couronne, qui était appendue dans l'église devant la statue de la Vierge.

Louis XI, quoique économe, aimait la grandeur. On lit dans les Annales de Paris, par Malengre, que les fêtes qu'on donna à Paris lorsqu'il fit son entrée dans cette ville à l'occasion de son couronnement, surpassent l'imagination (1). Malgré sa tyrannie, il avait un goût particulier pour la liberté : il centralisa le pouvoir, réduisit considérablement la puissance des princes, et humilia leur orgueil

---

(1) Voici ce qu'il y a de plus remarquable dans la description de cette belle fête : « A la fontaine du » Ponceau, rue Saint-Martin, étaient des hommes » vêtus en sauvages et en satyres, qui s'entrebattaient. » Là étaient encore plusieurs belles filles, accoutrées » en syrènes toutes nues, lesquelles, en montrant » leurs beaux corps, chantaient de petits motets de » bergères fort doux et charmans. Au dessous était un » concert magnifique, composé de plusieurs instru- » mens et voix mélodieuses et ravissantes. De cette » fontaine, par divers canaux et tuyaux, ruisselait le » lait et l'hypocras, exposés à tous ceux qui avaient » envie d'en boire. » L'hypocras est une liqueur faite avec du vin, des épiceries et du sucre, etc.

CHARLES VIII,
Roi de France.
mort en 1497.

en donnant de superbes places à des hommes de rien ; il fit son barbier comte de Melun, et le nomma ambassadeur ; son tailleur fut hérault d'armes, et son médecin chancelier. « Si la nature fit naître Louis XI avec un
» cœur pervers, elle lui donna de grands
» talens dans l'esprit. Il avait du courage ; il
» connaissait les hommes et les affaires : il
» avait, suivant ses propres expressions, tout
» son conseil dans sa tête. Prodigue par po-
» litique autant qu'avare par goût, il savait
» donner en roi. La justice fut rendue avec
» autant de sévérité que d'exactitude sous
» son règne. Paris, désolé par une contagion,
» fut repeuplé par ses soins ; une police ri-
» goureuse y régnait. Ce fut lui qui établit
» les *postes*, par l'avidité qu'il avait d'ap-
» prendre les nouvelles. Il fonda l'ordre de
» Saint-Michel en 1469, auquel il donna
» cette devise : *immensi tremor oceani*. »

PLANCHE ONZIÈME.

Portrait du roi de France, Charles VIII.

Charles VIII, surnommé l'*Affable* ou le *Courtois*, fils de Louis XI, est né au château d'Amboise, en 1470. Il succéda à son père à l'âge de treize ans; il était aussi bon que son père fut cruel. Anne de France, dame de *Beaujeu*, sa sœur, fut chargée, par testament du feu roi, confimé par les États généraux, de la tutelle du jeune roi. Louis, duc d'Orléans, depuis roi de France sous le nom de Louis XII, jaloux d'un titre qui lui appartenait de droit en sa qualité de premier prince du sang, suscita des guerres civiles qui durèrent jusqu'au moment du mariage que le jeune roi contracta avec Anne de Bretagne, la plus belle femme de ce tems là. Ce mariage, qui se fit en 1491, donna la Bretagne à la France.

La négligence que l'on mit dans l'éducation de Charles VIII, fut l'ouvrage de Louis XI, qui lui refusait même les choses de première nécessité pour son instruction. Ce méchant roi avait imaginé qu'un jour son fils devait le détrôner. Il supposait donc que l'ignorance absolue dans laquelle il l'avait fait élever, arrêterait son génie, enchaînerait ses dispositions naturelles et serait un grand obstacle à l'exécution du dessin qu'il supposait à son fils ; dessin qui n'exista jamais que dans son imagination, continuellement fatiguée des crimes que sa conscience lui reprochait à chaque instant de sa vie. Louis XI jugeait mal son fils, avec de l'esprit; il ignorait sans doute que ce qu'on appelle génie, ainsi que les passions de l'âme, sont des dons de la nature qui les dispense au hasard dans les sujets qui couvrent également les deux émisphères. Les passions chez les hommes sont un feu surhumain, qui porte un caractère inéfaçable, qui se développe tôt ou tard; elles sont comme les volcans que la terre tient plusieurs siècles enfermés dans son sein, et qui s'embrasent tout à coup. La précaution de ce roi pusillanime devenait donc inutile, en supposant que l'ambition et la soif de régner eussent porté Charles son fils à se rendre coupable d'un semblable crime. Il est reconnu au contraire que la bonne éducation forme le cœur et arrête les passions, sans cependant les éteindre.

Charles, malgré l'insuffisance de son éducation, était né brave, sachant vaincre les incommodités d'une mauvaise santé; on le vit souvent à la tête de ses armées, et il fut plus d'une fois victorieux. Il fit la conquête de Naples et celle de Rome en 1494, dans laquelle il entra en triomphateur à la lueur des flambeaux, après avoir sommé le pape

Alexandre VI de se rendre. Ce pape s'étant retiré dans le château Saint-Ange, lui fit résistance. Charles, d'une douceur extrême, fut généralement aimé; il mourut d'apoplexie à l'âge de vingt-sept ans, dans le même château qui l'avait vu naître; il fut généralement regretté, même de ses domestiques qui le pleurèrent amèrement. Son amour pour les femmes lui fit donner le surnom de *Courtois*. La première fois que le chevalier Bayard, qui était fort jeune, partit pour l'armée, il lui dit : *vous allez dans un pays où il y a de belles dames, faites tant jeune gentilhomme, que vous acqueriez leur grâce.*

On ignore le nom de l'auteur du portrait que nous voyons ici, mais nous dirons qu'il porte un grand caractère de vérité, puisqu'on distingue dans la copie des traits de ce prince, jusqu'à l'état de langueur dans lequel il vivait. Charles a prouvé plus d'une fois, par sa franchise, que la maxime suivante, *qui nescit dissimulare, nescit regnare*, l'unique leçon que son père lui avait fait apprendre par cœur et qu'il disait contenir tout ce qu'un roi doit savoir, n'était pas le seul moyen de bien régner. Il avait dans l'abbaye de Saint-Denis un fort beau mausolée en marbre et en bronze,

Pl. 12.

PIERRE DU TERRAIL DE BAYARD
Surnommé le Chevalier sans peur
et sans reproche
mort en 1524.

qui a été fondu et entièrement détruit par les révolutionnaires de cette ville, qui ont été les premiers à profaner les tombeaux des rois.

PLANCHE DOUZIÈME.

Portrait du chevalier Bayard.

Les exploits du chevalier Bayard sont trop connus pour entreprendre de les décrire ; sa renommée remplit l'univers, sa vie est dans les mains de tout le monde, et on ne peut la lire sans payer le tribut d'admiration que l'on doit à la mémoire de ce grand homme. Il nous suffira donc, pour faire son éloge, de trancrire le nom de *chevalier sans peur et sans reproche*, qui lui fut donné par ses contemporains. Rapellons seulement à nos lecteurs quelques traits propres à peindre sa valeur, sa franchise et sa vertu.

Pierre du Terrail de Bayard, né en Dauphiné, commença à ce faire connaître en 1495, à la conquête de Naples, où il défendit seul, dans les environs de cette ville, le passage d'un pont fort étroit, contre deux cents chevaliers qui essayaient à en ouvrir le passage ; il se distingua également à la bataille de Fornoue, et servit de suite sous les rois de France Louis XII et François Ier, qui voulut être reçu chevalier de sa main. A la prise de Bresse, Bayard fut dangereusement blessé; on le porta dans une hôtellerie où il fit un trait qui peint son cœur et sa générosité : « son hôte lui ayant fait remettre *deux mille pistoles* en reconnaissance de ce qu'il l'avait garanti du pillage, il donna cette somme à ses deux filles qui la lui apportaient, leur disant qu'elles ajouteraient cette somme à leur dot. » Le pape, contre lequel il se battait, espérant l'attirer à son service, lui fit proposer le commandement général de ses troupes. *J'ai*, répondit le chevalier, *un seigneur au ciel et un en terre, et autre ne servirai en ce monde*. Bayard combattit à côté de François Ier à la bataille de Marignan; et comme il défendait Mézières, place mal fortifiée, contre une armée de quarante mille hommes composée de plus de quatre cents chevaux, le conseil du roi, considérant que la place était hors d'état de soutenir le siège, ordonna de la faire brûler. Bayard seul s'y opposa : *Il n'y a point de place faible*, dit-il à François Ier, *là où il y a des gens de cœur pour la défendre, et je réponds des Français*. En 1524,

Bayard reçut, à la fatale retraite de Rebec, un coup de mousquet qui lui cassa l'épine du dos; on le porta au pied d'un arbre, la face tournée devant les ennemis; il y mourut à l'âge de quarante-huit ans. Avant d'expirer il fit dire au roi : « que le seul regret qu'il avait en quittant la vie était de ne pouvoir pas servir plus longtems. » Dans le même momant parut le connétable *Charles de Bourbon*, contre lequel il combattait, qui vint lui rendre visite, et comme il le plaignait de sa situation et de son état, le chevalier reprenant le peu de force qui lui restait, lui dit: *ce n'est pas moi qu'il faut plaindre, mais vous qui portez les armes contre votre roi, votre patrie et votre serment*. Bayard, entièrement épuisé, expira immédiatement après.

Le portrait que nous donnons ici est bien l'ouvrage de ce tems là; on y retrouve de la naïveté dans l'exécution, et une grande simplicité dans le trait : il est peint sur bois et son auteur est inconnu. Il est représenté à genoux devant un prie-dieu, vêtu de sa cotte d'armes, ayant les mains jointes. (1)

---

(1) Ce portrait sera gravé dans son entier dans notre collection des costumes.

PLANCHE TREIZIÈME.

Portrait de Marguerite de Valois, reine de Navarre.

Marguerite de Valois, reine de Navarre, sœur de François Ier, la plus belle femme et le plus bel esprit de son tems, fille de Charles, comte d'Angoulême, et de Louise de Savoie, naquit à Angoulême, en 1492, deux ans avant François Ier. En 1509, elle épousa en premières noces Charles duc d'Alençon, premier prince du sang, connétable de France, qui mourut à Lyon en 1525, après la bataille de Marignan, à laquelle il s'était trouvé avec le roi. Après la mort de ce prince, Marguerite épousa, du consentement de son frère, Henri d'Albret, roi de Navarre, dont elle eut Jeanne d'Albret, qui depuis fut mère du roi Henri VI.

Suivant Brantôme, cette princesse possédait toutes les qualités qu'on peut desirer dans une femme, elle était naturellement bonne, douce par caractère, gracieuse sans effort, charitable à l'excès, et savante sans pédenterie. La nature se repète dans ses ouvrages, et les

MARGUERITTE DE VALOIS
Reine de Navarre Sœur de Francois 1.er
morte en 1549.

siècles qui paraissent les plus éloignés se rapprochent souvent dans la qualité des personnages qu'ils produisent. Aux vertus aimables que l'on attribue à la reine Marguerite, qui ne reconnaîtra pas notre illustre impératrice Joséphine ! « Ce fut, dit Brantôme, une
» princesse de très grand esprit, et fort ha-
» bile tant de son naturel que de son acqui-
» sitif, car elle s'adonna fort aux lettres dans
» son jeune âge, et les continua tant qu'elle
» véquit, aimant et conversant de tems en
» tems de sa grandeur, ordinairement à la
» Cour avec les gens les plus savans du
» royaume de son frère : aussi tous l'hono-
» raient tellement, qu'ils lui adressaient la
» plupart des livres qu'ils composaient. Ses
» poésies lui firent donner le surnom de
» *dixième Muse* ; et on dit d'elle, que c'é-
» tait une *Marguerite* (1) *qui surpassait*
» *en valeur les perles de l'Orient.* »

François I*er* aimait passionnément sa sœur ; il l'appelait *sa mignonne*, et il n'avait pas de plus grand plaisir que de se trouver avec elle.

---

(1) Jeu de mots sur le mot *Marguarita*, qui veut dire *perle*.

Marguerite lui rendait le change; elle chérissait son frère autant qu'une femme tendre peut aimer son amant : ils s'entretenaient ensemble des sciences et des arts; ils s'écrivaient tour à tour les choses les plus aimables, et adoucissaient ainsi l'ennui de la Cour. Un jour, étant à Chambor, près d'une croisée du château, tête à tête avec sa sœur, qui se plaisait à lui rappeler certaine anecdote amoureuse où il fut inconstant, et comme elle lui en faisait des reproches, il traça, avec le diamant qu'il avait au doigt, sur l'une des vitres du salon, le distique suivant :

>Souvent femme varie;
>Bien fol qui s'y fie (1).

M. Richard, né à Lyon, l'un de nos plus habiles peintres, a traité ce sujet avec une délicatesse charmante et une grâce naïve, qui rappelle les beaux tems de l'art. François Ier est négligemment assis dans le salon; il montre malicieusement à sa sœur, qui est

---

(1) Ce distique a été conservé longtems dans le château de Chambor.

placée debout près de lui, sa réplique sur l'inconstance des hommes.

François Ier étant dangereusement malade, pendant sa captivité en Espagne, elle fit le voyage exprès pour son frère, et elle en eut un soin religieux : aussi disait-il, *sans les bons soins et les bons offices de ma mignonne, je serais mort*. Voici ce que Brantôme rapporte à ce sujet : « Lorsque le roi
» fut si malade en Espagne, étant prison-
» nier, elle l'alla visiter, comme bonne
» sœur et amie, sous le bon plaisir et sauf-
» conduit de l'empereur, laquelle trouva son
» frère en si piteux état, que, si elle n'y fût
» venue, il était mort, d'autant qu'elle con-
» naissait son naturel et sa complexion mieux
» que tous ses médecins, et le traita et fit
» traiter selon qu'elle le connaissait, si bien
» qu'elle le rendit guéri. Aussi le roi le di-
» sait souvent, que sans elle il était mort,
» dont il lui avait cette obligation qu'il re-
» connaîtrait à jamais, et l'en aimerait,
» comme il a fait jusqu'à sa mort. Aussi elle
» lui rendait la pareille, et de tel amour,
» que j'ai ouï dire qu'ayant su son extrême
» maladie, elle dit ces mêmes paroles : *qui-*
» *conque viendra à ma porte m'annoncer*

» la guérison du roi mon frère, tel cour-
» rier, fût-il las, harassé, fangeux et
» malpropre, je l'irai baiser et accoler
» comme le plus propre prince et gentil-
» homme de France, et qu'il aurait faute
» de lit et n'en pourrait trouver pour se
» délasser, je lui donnerais le mien, et
» coucherais plutôt sur la dure, pour
» telles bonnes nouvelles qu'il m'appor-
» terait. »

Les ouvrages de la reine de Navarre ne se soutiennent pas également à la lecture. En 1533, elle fit paraître un livre intitulé le *Miroir de l'ame pécheresse*, qui fut censuré par la Sorbonne. Nous avons d'elle plusieurs poëmes assez médiocres; elle composait aussi des comédies et des pastorales que l'on jouait à la Cour. « Elle fit en ses
» gaîtés, continue Brantôme, un livre qui
» s'intitule : *Heptameron*, ou *les Nouvelles*
» *de la reine de Navarre*, où l'on voit un
» style si doux et si fluant, et plein de si
» beaux discours et belles sentences, que j'ai
» ouï dire que la reine mère (1) et madame de
» Savoie, étant jeunes, se voulurent mêler

---

(1) Catherine de Médicis.

» d'en écrire des nouvelles à part, à l'imitation
» de ladite reine de Navarre, sachant bien
» qu'elle en fesait ; mais quand elles eurent
» vû les siennes, elles eurent si grand dépit
» des leurs, qui n'approchaient nullement des
» autres, qu'elles les jettèrent dans le feu. »
Enfin, cette illustre reine, tout en s'occupant
des lettres, des sciences et des arts, fit le bonheur de ses sujets ; elle embellit les villes de
son royaume, et fit fleurir l'agriculture par sa
bonne administration ; elle mourut au chateau d'Odos en Bigorre, en 1549, dans la
cinquante-septième année de son âge.

Le portrait, peint sur bois, de la reine
de Navarre, dont nous donnons ici la gravure, est attribué à Janet ; mais je ne partage point cette opinion : je ne puis le
considérer que comme un ouvrage flamand,
plus moderne ; cependant il est très-remarquable par le costume et par la fleur de *souci*
que cette princesse tient à la main. Elle faisait
très-facilement les devises, et elle avait pris
pour la sienne un *souci* tourné vers le soleil ;
avec ces mots, *non inferiora secutus*. On
lui en donna une autre fort ingénieuse, que
voici ; c'est un *Lys* à côté de deux *Marguerites*, avec ces paroles à l'entour : *mirandum*

naturæ opus ; on devine aisément quels sont les personnages que cette princesse aimable a voulu désigner par ces fleurs.

PLANCHE QUATORZIÈME.

Portrait de Henri d'Albret, roi de Navarre.

Henri d'Albret, roi de Navarre, deuxième du nom, est né de Jean d'Albret qui mourut à Moncing en Béarn, le 17 juin 1516. Jean avait épousé, en 1484, Catherine de Foix, reine de Navarre, femme très-courageuse, sœur et héritière de François Phœbus, dont il reçut les Etats par cette alliance. La mésintelligence qui survint dans la suite entre les deux époux favorisa l'usurpation de la Navarre, que Ferdinand, roi d'Espagne, projetait depuis longtems. Les gens d'église, qui jouaient alors un grand rôle dans les affaires d'État, vinrent au secours de Ferdinand, et le pape Jules II autorisa cette usurpation par une bulle particulière. Cependant François Ier, par son traité de Noyon, fit restituer la Navarre à Henri d'Albret, qui fut fait prisonnier avec le prince en 1525, à la bataille de Pavie.

HENRI D'ALBRET
Roi de Navarre, Grand pere
du Roi de France Henri IV,
mort en 1516.

Lorsque François Ier maria sa sœur Marguerite à Henri d'Albret, il le combla de faveur et lui fit présent des duchés d'Alençon et de Berry, et du comté d'Armagnac. On croit que cette famille prit naissance dans le onzième siècle, d'Armanjeu, premier du nom, sire d'Albret. Le portrait dont on voit ici la gravure est peint sur bois ; il est d'une belle couleur, d'un fini précieux et d'une vérité surprenante : on le croit de Janet.

PLANCHES

QUINZIÈME ET SEIZIÈME.

Portraits d'Anne de Montmorency, connétable de France, et de Madeleine de Tende, sa femme.

En faisant la description des monumens qui furent élevés en l'honneur du connétable Anne de Montmorency, que nous avons recueillis dans notre Musée des Monumens français, nous avons eu plus d'une fois l'occasion, dans notre ouvrage sur cette collection précieuse, de rappeler l'attention de nos lecteurs, tant sur les hauts faits du connétable, que sur les traits particuliers de sa vie qui peuvent servir à le faire connaître (1). Malgré les reproches que l'on pourrait faire à Anne de Montmorency, sur sa conduite privée dans certaines circonstances de sa vie, on sera toujours forcé de le reconnaître pour un grand homme de guerre qui a rendu à la France des services notables. Il avait de la valeur et de la force dans l'âme; à Mézière, en 1521, il força l'empereur Charles-Quint à faire lever le siège de cette place par le comte de Nassau. La bataille de Pavie, qui se donna malgré son consentement, ne fut pas heureuse; il fit son devoir, s'y battit comme un lion, et succomba avec son roi; il fut pris : victorieux à Saint-Denis, il périt de la main d'un traître, à l'âge de quatre-vingts ans. Un cordelier, son confesseur, ayant voulu exhorter à la mort ce héros couvert

---

(1) Tome 2, page 81; tome 4, page 99; et de suite, tome 5, page 2. Gravures et descriptions de ses monumens, tome 4, pages 86, 89, 91, 104, 105, 107, et tome 5, page 5.

Pl. 16.

f. Janvier pinx.

MADELEINE DE SAVOIE

Femme d'Anne de Montmorency ?

morte vers 1580.

de sang et de blessures : « *Pensez-vous*, lui répondit-il d'un ton fier, *que j'aie vécu près de quatre-vingts ans avec honneur pour ne pas savoir mourir un quart d'heure ?* »

Le connétable était infatigable, malgré la mauvaise éducation qu'il avait reçue ; il connaissait le prix des arts et leur consacrait tous ses loisirs. Brouillé avec le roi François Ier, il se retira à Ecouen, où il fit construire, par Jean Bullant son architecte, le beau château dont nous avons si souvent parlé dans nos précédens volumes. « La faveur du connétable ne dura pas long-tems, dit Mezerai, après la perte de Poyet ; le roi lui donna son congé l'an 1542, et ne voulant jamais le rappeler tant qu'il vécut. Ce fut durant cette retraite qu'il bâtit le château d'Ecouen, à deux lieues par-delà Saint-Denis. »

Après la mort de François Ier, le roi Henri II le rappela auprès de sa personne ; toutefois malgré la reine Catherine de Médicis qui ne pouvait le souffrir. Cette femme haineuse s'exprima, sur le connétable, d'une manière positive, qui peint très-bien son caractère, lorsqu'on lui apprit sa victoire et en même tems sa mort, à la bataille de Saint-Denis. *J'ai en ce jour*, dit-elle, *deux grandes obligations à rendre au ciel; l'une que le connétable ait vengé la France; et l'autre que les ennemis l'aient débarrassée du connétable.*

Le portrait dont on voit ici la gravure est peint sur bois, par Janet, ainsi que celui de sa femme Madeleine de Savoie, fille de Réné de Savoie, surnommé le Grand, comte de *Villards* et de *Tende*, qui est désigné par le n° XVI. Cette femme, plus occupée des jouissances intérieures de sa maison et des bienfaits qu'elle répandait de tous les côtés, que des intrigues de la cour, passait ses jours dans une tranquillité parfaite et n'avait d'autre jouissance que celle de faire des heureux. *Voyez* la description de sa statue et de son costume, tome 4, pag. 90, etc.

PLANCHES

DIX-SEPTIÈME ET DIX-HUITIÈME.

Portraits de François Ier, roi de France, et de Claude sa femme.

Après le règne de Louis XII, la France

FRANÇOIS I.^r

Roi de France représenté jeune,

meurt en 1547.

avait besoin, pour les progrès de l'esprit humain, de celui de François Ier, et la nature qui dispense ses faveurs comme il convient pour le bonheur de tous, le plaça immédiatement après lui sur le trône. L'un avait acquis, à juste titre, le surnom de *Père du peuple*, et l'autre celui de *Restaurateur des sciences, des lettres et des arts.* Louis XII était aimé du peuple, comme un père peut l'être de ses enfans ; il était affable, doux, humain, et il n'établissait jamais un nouvel impôt qu'il ne gémît de la nécessité qui l'obligeait à le faire. François Ier était chéri de la nation ; en s'occupant du bonheur de ses sujets, il songeait aussi à leur gloire. Il aimait les lettres, les sciences et les arts, et il combla de ses bienfaits ceux qui les pratiquaient, moins par ostentation que par un goût qui lui était personnel. Il était grand, bien fait, propre à tous les exercices du corps, *d'une force égale à son adresse, et d'un courage égal à sa force.* On rapporte qu'à la bataille de Marignan, il dégagea un gentilhomme que deux Suisses avaient abattu de son cheval, et qu'ils allaient égorger. Ce prince était plus que galant avec les dames ; il s'était constitué leur chevalier, et ne pouvait souffrir qu'on en parlât mal devant lui; il les aimait avec franchise, mais il ne les aimait pas longtems : suivant les historiens, il ne fut véritablement constant que pour la duchesse d'Estampes, dont nous aurons occasion de parler bientôt. Suivant l'usage, le roi donna le ton à la cour, et chacun, outre sa femme, avait plusieurs maîtresses; ce qui donna lieu à de petites anecdotes assez piquantes et au proverbe suivant : *nul samedi sans soleil, nul vieillard sans être jaloux, nulle belle femme sans amours*. Sans une intrigue qui fut adroitement menée par le cardinal de Tournon, François Ier embrassait la religion protestante à la sollicitation de sa sœur. S'il eût persisté dans ces sentimens, quel triomphe pour la raison! que de services n'aurait-il pas rendus à la France! que de flots de sang n'aurait-il pas empêché de couler!

François, comte d'Angoulême et duc de Valois, prince du sang royal de la branche d'Orléans, était fils unique de Charles d'Orléans, comte d'Angoulême, premier prince du sang, et de Louise de Savoie, et neveu, à la mode de Bretagne, du roi Louis XII, son bisaïeul. Louis de France, son père,

CLAUDE DE FRANCE
dite Madame d'Angoulême
fille aînée du Roi Louis XII;
femme de François 1.er morte en 1524.

duc d'Orléans, était fils du roi Charles V, roi de France. Il naquit à Cognac, le 12 septembre 1494; il épousa à Saint-Germain en Laie, le 18 mai 1514, Claude de France, fille aînée du roi Louis XII, et sept mois et demi après son mariage, il succéda à ce prince, au royaume de France, sous le nom de FRANÇOIS Ier. Il avait alors vingt ans et trois mois. Il eut de ce mariage trois garçons et quatre filles, savoir : *François*, dauphin, mort du poison à dix-neuf ans, en 1536 (1); *Henri II*, qui lui succéda; *Charles*, duc d'Orléans, mort sans enfans, en 1545; *Louise* et *Charlotte*, mortes en bas âge; *Madeleine*, mariée le premier janvier 1536, à Jacques V, roi d'Ecosse, morte le 7 juillet suivant; *Marguerite*, duchesse de Berry, mariée, le 9 juillet 1559, à Emanuel Philibert, duc de Savoie, morte le 14 septembre 1574. La reine Claude étant morte, il épousa en secondes noces, en juin 1530, Eléonore d'Autriche, sœur de l'empereur Charles-Quint, qui lui survécut et dont il n'eut point d'enfans.

---

(1) *Voyez* le 3e volume de notre ouvrage, pag. 68 et 69.

François Ier, en montant sur le trône, prit la qualité de duc de Milan, et passa les Alpes pour la maintenir contre le pape, l'empereur, le roi d'Aragon et les Suisses, que l'usurpateur Sforce avait mis dans ses intérêts. Il gagna la bataille de Marignan, le 14 septempre 1515 (1), pendant laquelle il se fit armer chevalier par le fameux Bayard qui combattit avec lui. Il mourut à Rambouillet, le 31 mars 1547, à l'âge de cinquante ans, des suites funestes de la vengeance d'un mari jaloux, dont il jouissait de la femme, et qui se rendit exprès dans un mauvais lieu pour y prendre certaine maladie qu'il apporta à sa femme, dans l'espérance qu'elle la communiquerait au roi. *Voyez*, dans les précédens volumes de notre ouvrage, les gravures et la description du beau mausolée que lui fit élever le roi Henri II, et que nous avons restauré dans notre Musée (2).

François Ier est représenté jeune dans le portrait dont nous donnons ici la gravure;

---

(1) Tome 3, pag. 60 et 72. *Voyez* la gravure et la description de cette fameuse action.

(2) Tome 3, pag. 59 et 60, et tome 4, page 4 et de suite.

Pl. 30.

LA BELLE FÉRONNIÈRE

Maitresse du Roi de France
françois 1.

il est peint sur bois avec une finesse extraordinaire ; je pense qu'il est d'André Solario (1), ainsi que celui de Claude de France sa femme, qui suit le sien, sous le n° XVIII.

Claude de France, dite madame d'Angoulême, fille aînée du roi Louis XII et d'Anne de Bretagne, née à Romorantin, le 13 octobre 1499, épousa, le 18 mai 1514, François Ier, alors duc d'Angoulême, dont elle eut les sept enfans dont nous avons parlé plus haut. Elle mourut à Blois le 20 juillet 1524, à l'âge de vingt-quatre ans et neuf mois : elle portait pour devise une lune en son plein, avec ces mots : *candida candidis*, pour exprimer sa sincérité et celle des français qu'elle aimait de toute son âme. « Une vertu sincère, dit un historien, un
» esprit égal, la douceur, la bonté même
» formaient son caractère. Aussi l'appelait-on
» communément la *bonne reine*, comme
» on appelait son père *le bon roi Louis XII*.
» Elle n'était pas si bien partagée du côté
» des qualités du corps ; elle était un peu

---

(1) André Solario, élève de Léonard de Vinci, est né à Milan.

» boiteuse, défaut qu'elle tenait de sa mère;
» sa taille était médiocre, et les traits de
» son visage, qui ressemblaient à ceux de
» Louis XII, n'avaient rien qui pût fixer
» agréablement les yeux : quel air de bonté
» qui brillait dans toute sa personne ! »
Brantome ajoute qu'elle fut fort aimée et
fort bien traitée du roi son mari, ainsi
que de toute la France ; elle fut généralement regrettée et pleurée, après sa mort,
pour ses admirables vertus et bontés.

PLANCHE DIX-NEUVIÈME.

*Portrait de la duchesse d'Estampes,
maîtresse du roi François Ier.*

Anne de Pisseleu de Heilly, duchesse
d'Estampes, troisième maîtresse en titre de
François Ier, fille de Guillaume de Pisseleu,
seigneur de Heilly et d'Anne Sanguin, est
née en 1509 ; elle fut fille d'honneur de
madame la régente Louise de Savoie, qui
la mena avec elle jusqu'aux frontières d'Espagne, en allant au-devant de son fils,
lorsqu'il sortit des prisons de Madrid. Ce
prince, qui la vit pour la première fois à

ANNE DE PISSELEU DE HEILLY,

Duchesse d'Estampes,

Maîtresse de François I.er

Morte en 1569.

Bayonne, fut tellement frappé de sa beauté et de son esprit, qu'il en devint aussitôt amoureux, et qu'il oublia, pour elle, madame de Châteaubriant, qu'il avait tant aimée. En 1528, il la maria avec Jean de Brosse, fils de Réné de Brosse, tué à la bataille de Pavie où il combattait contre son roi. François I*er*, par une suite de sa bonté et de sa justice, oublia les crimes du père pour répandre ses bienfaits sur le fils, et le fit chevalier de l'ordre de Saint-Michel, gouverneur de Bretagne et duc d'Estampes.

La duchesse d'Estampes, en raison de son crédit, fut bientôt l'*idole de la cour.* Les historiens disent qu'elle était la clef de toutes les faveurs que François I*er* accordait; mais ils ajoutent qu'elle abusa de la passion du roi en révélant à l'empereur Charles-Quint quelques secrets importans qui firent battre nos armées, pour se venger de Diane de Poitiers, maîtresse du dauphin, dont elle était extrêmement jalouse. Cependant le roi l'aima pendant vingt-un ans, jusqu'au moment de sa mort, et il ne supportait pas qu'on en dît du mal en aucun lieu que ce fût. *Voyez* ce que j'ai rapporté, à ce sujet, tom. 3. pag. 33. Après ce funeste accident, la duchesse d'Estampes se retira dans une de ses terres nommée la Ville-Martin, située à une lieue de la ville d'Estampes, son duché, où elle vécut retirée du monde, sans crédit, abandonnée de ses courtisans les plus assidus, sans amis, et toujours brouillée avec le duc, son mari, qui, en 1556, neuf ans après la mort du roi, fit encore des poursuites juridiques contr'elle. Elle mourut dans sa terre, toujours fidèle à la religion protestante, en 1569, à l'âge de soixante ans. Son mari mourut en janvier 1564; il n'en eut point d'enfans, et elle n'en eut point avec le roi. Le portrait que nous possédons de cette femme est peint sur bois, par Janet.

PLANCHE VINGTIÈME.

Portrait de Diane de Poittiers, maîtresse du roi Henri II.

Diane de Poitiers était fille aînée de Jean de Poitiers, comte de Saint-Vallier, et de Jeanne de Batarnay; elle naquit le 30 décembre 1499. Son père la plaça fort jeune

DIANE DE POITIERS,
Maitresse du Roi de France Henri II.
Morte en 1566.

auprès de la comtesse d'Angoulême, mère de François Ier. Elle épousa, le 29 mars 1514, Louis de Bresé, comte de Maulevrier, seigneur d'Anet et grand sénéchal de Normandie, qui mourut le 23 juillet 1531, dont elle eut deux filles.

Diane était veuve et âgée de trente-neuf ans, lorsque le dauphin, âgé de vingt ans, et qui en avait dix-neuf moins qu'elle, en devint si éperdûment amoureux, qu'il ne la quitta qu'à la mort. A la cour, on l'appelait seulement madame la sénéchale; mais Henri II étant devenu roi le 31 mars 1547, il la fit duchesse de Valentinois. Aussitôt l'insolence des courtisans se changea en bassesse, suivant l'usage qui s'observe encore de nos jours, quoique nous ayons vieilli près de trois siècles depuis ce temps là, que nous appelons par mépris celui de nos pères. Diane était la plus belle femme de la cour de Henri II ; elle avait les yeux noirs, les cheveux bruns et naturellement bouclés, la peau très-blanche, les dents d'un émail dont la blancheur faisait honte aux plus belles perles d'Orient ; la gorge, la jambe et les mains d'une beauté rare, la taille svelte et le port le plus majestueux ; elle avait de l'esprit, faisant des vers

très-agréablement (1), et mettant beaucoup de grâce et de finesse dans ses tournures de phrases et dans ses réponses; enfin, elle était aussi aimable que bonne, bienfaisante, et fidelle à sa parole. Le roi l'aima pendant plus de vingt ans d'un égal amour qui ne le quitta qu'à la mort. Le règne de ce prince fut celui des charmes de Diane; sa faiblesse était extrême pour cette femme délicieuse qui le gouvernait entièrement; elle disposait à son gré de toutes les places, et elle voyait constamment les seigneurs les plus insolens de la cour ramper à ses pieds pour obtenir un coup d'œil du roi. « Cette femme, qui avait de
» l'esprit, gouvernait donc absolument, dit
» un auteur du tems; le connétable Anne
» de Montmorenci, le duc et le cardinal de
» Guise étaient très-assidus à lui faire la
» cour (2). On disait d'eux, *qu'ils allaient*
» *comme poussins sous l'aile et à la suite*
» *de la poule.* » Ces *misérables* courtisans,

---

(1) *Voyez* tome 4, page 6.
(2) *Voyez* tome 4, page 7, comment les favoris de Diane et de Henri II se sont comportés, après la mort du roi, envers cette femme à qui ils devaient tout.

devenus ses valets, furent les premiers à la tourmenter après la mort du roi; et nous, sujets fidèles, si nous aimons nos souverains pour eux-mêmes, nous osons penser que les rois savent apprécier à sa juste valeur la conduite de ces hommes qui, en s'avilissant par des actions semblables, ne peuvent réellement avoir pour jouissance que la fortune qu'ils reçoivent de leurs maîtres. « Le roi combla
» Diane de richesses et de présens; il lui
» fit bâtir la superbe maison d'*Anet* (1);
» lui donna le duché de *Valentinois*, et ne
» dispensa des honneurs, des biens ou des
» emplois que d'après ses ordres. La reine
» Catherine de Médicis n'avait d'accès auprès
» du roi, son mari, que par son moyen.
» Pour voir son époux, elle faisait prier
» *Diane* de vouloir bien *le lui* prêter; alors
» *Diane* disait au roi: *il faut que vous couchiez avec la reine.* » On conçoit aisément que tant de faveurs furent constamment payées par des chagrins, et que les calomniateurs secrets usaient d'audace en

---

(1) *Voyez* tome 4, page 44, la description du principal portique de ce monument, que j'ai fait transporter et restaurer dans la première cour de ce Musée.

raison de la puissance des ennemis de Diane qui les mettaient en mouvement. Henri eut le bon esprit de les mépriser, de voir tranquillement leurs manœuvres, et de tout entendre avec une constance qui lui fait honneur.

Après la mort de Henri II, Diane se voyant exilée de la cour par Catherine de Médicis, se retira dans son château d'Anet, où elle mourut le 26 avril 1566, à l'âge de soixante-six ans et plus; elle fut inhumée dans la grande chapelle de ce château, qu'elle avait fait bâtir sous un fort beau mausolée de marbre noir, orné d'allégories et d'arcs brisés, de flèches rompues, pour exprimer que l'amour avait par sa mort perdu ses traits. C'est ce beau mausolée que sa famille avait élevé au milieu du chœur de cette chapelle où l'on voyait sa statue, que j'ai fait transporter et restaurer dans la salle d'introduction du Musée des Monumens français (1). Diane n'eut point de ressentiment, et donna à la reine Catherine de

---

(1) *Voyez* la gravure, et la description que j'ai donnée de ce beau et magnifique monument, tome 4, page 77 de cet ouvrage. *Voyez* de suite, même volume, pages 82 et 85, les autres monumens qui furent élevés à cette illustre femme, sa généalogie et tout ce qui la concerne.

Médicis sa belle maison de Chenonceaux, construite en forme de pont sur la rivière du Cher, dont le baron de Saint-Serge, fils de Boyer, trésorier des finances, lui avait fait présent. Ce fut dans cette maison où la reine se livra à toutes sortes de débauches avec ses partisans. Diane eut une fille naturelle du roi Henri II, qui ne fut point reconnue, quoiqu'il l'ait sollicitée plusieurs fois pour le faire; mais cela n'entrait point dans les vues de cette femme, qui n'aimait le roi que pour lui-même, et non pour les avantages qu'il pouvait lui procurer (2). Cette fille s'appelait mademoiselle de la Montagne; elle vivait encore en 1620, mais elle avait près de quatre-vingts ans. Elle devint veuve à l'âge de trente-un ans, et porta le deuil toute sa vie : les couleurs qu'elle adopta dès ce moment furent le *blanc* et le *noir*.

Le portrait de Diane de Poitiers que nous avons fait graver, et que l'on voit ici, est peint sur bois par Janet : ce peintre la représente vêtue à la manière du tems, mais dans un âge avancé.

---

(1) *Voyez* la réponse qu'elle lui fit à ce sujet, tome 4, page 7.

PLANCHE VINGT-UNIÈME.

Portrait de Michel de Lhôpital, chancelier de France.

Nous avons déjà fait connaître dans notre ouvrage non seulement les hautes vertus du chancelier de Lhôpital, mais encore les services importans qu'il a rendus au peuple français, en opposant une vertu sévère et une volonté opiniâtre au parti du cardinal de Lorraine et du duc de Guise. Catherine de Médicis, qui l'avait porté à la place éminente de chancelier, en eut du regret; et, pour le dégoûter de son ministère, elle employa toutes sortes de moyens sans pouvoir réussir (1). Lhôpital, fier de son titre de premier magistrat du peuple, et fort de sa conscience, n'en parut que plus grand. Tel on voit le

---

(1) Les tracasseries qu'on lui suscita allèrent jusqu'aux mauvaises plaisanteries, à la Cour; on ne l'appelait que le *Chancelier à face de saint Jérôme*, parce qu'il avait un visage sévère, le front chauve, et une longue barbe, et qu'effectivement son caractère de tête conviendrait assez pour représenter ce personnage.

MICHEL DE L'HÔPITAL

Chancelier de france

mort en 1572.

soleil paraître avec plus d'éclat après avoir dissipé les nuages qui le couvrent souvent à nos yeux, Lhôpital paraissait à la cour, après avoir surmonté les calomnies de ses ennemis.

Après la malheureuse affaire de Vassi, Lhôpital, voyant que le parti de la reine se disposait à prendre les armes, et découvrant quel pouvait en être le but, il s'y opposa de toutes ses forces. Il fut donc interpelé par le connétable Anne de Montmorenci, qui ne connaissait de volonté que celle du glaive, et qui lui dit, *que ce n'était à gens de robe longue d'opiner sur le fait de la guerre. Bien que tels gens, M. le connétable*, répondit le chancelier, *ne sachent conduire les armes, si ne laissent-ils de connaître quand il faut en user.* Le massacre de la *Saint-Barthelemy*, dont il voulait arrêter l'exécution, fut pour lui le coup le plus cruel : aussi l'accusait-on d'être *huguenot* dans l'ame, quoiqu'il fût catholique. Ce qui a donné lieu à cette raillerie des Guises, qu'on eut le soin de mettre dans la bouche de tout le monde : *Dieu nous garde de la messe du chancelier!* On était persuadé qu'il n'y croyait pas, ce que je me garderai bien de contester ; mais ceux qui voudront se donner la peine de juger Lhôpital, trouveront en lui un homme intègre, d'une morale sévère, qui n'était ni juif, ni huguenot, ni catholique, mais un citoyen ami de la vertu, un vrai philosophe.

Cet illustre chancelier, ne pouvant plus faire le bien, abandonna la cour, et se retira dans sa terre de Vignai, où il mourut à l'âge de soixante-huit ans, après avoir fait son testament qui est un morceau curieux dont nous avons donné des fragmens dans notre ouvrage, tome 4, page 117. Nous ajouterons que son tombeau, que nous avons recueilli et restauré, fait l'ornement de la salle d'introduction de notre Muséum (1). Il est peint ici avec sa cimarre et la tête nue. Ce portrait, qui porte un caractère vrai, quoique d'une exécution très-simple, est de Janet.

---

(1) *Voyez* la gravure et la description du mausolée, tome 4, page 111, et les traits les plus remarquables de la vie de ce grand homme, même volume, pag. 112, 113, 114, 115 et 116.

HENRI II.
Roi de France,
mort en 1559.

PLANCHES

VINGT-DEUXIÈME ET VINGT-TROISIÈME.

Portraits de Henri II, roi de France, et de Catherine de Médicis, sa femme.

Henri II, comme nous l'avons dit ailleurs, n'avait point de caractère prononcé : il était naturellement bon, d'un facile accès, et n'ayant jamais d'autre volonté que celle de ceux auxquels il se livrait. Il vécut dans la molesse et dans les plaisirs, se laissant entièrement gouverner par Diane de Poitiers, sa maîtresse. « Ce prince, dit un historien, ayant
» donné toute sa confiance à Diane de Poi-
» tiers, tandis qu'il n'était que dauphin, en
» fut encore gouverné plus absolument lors-
» qu'il fut roi. Et, au mépris des conseils
» de son père, ayant rappelé, dès qu'il fut
» mort, le connétable de Montmorency, que
» le feu roi avait éloigné de sa cour, ce sei-
» gneur, avec le duc de Guise, le cardinal
» de Lorraine, son frère, et le maréchal
» Saint-André, acheva de le mettre en tu-
» telle. »

Henri II, fils de François Ier et de Claude

de France, est né à Saint-Germain-en-Laie le 31 mars 1518 : il épousa en octobre 1533, n'étant encore que duc d'Orléans, du vivant de François, dauphin, son frère aîné, Catherine de Médicis, fille de Laurent de Médicis, duc d'Urbin et de Madeleine de la Tour-d'Auvergne. Il succéda à son père, François Ier, le 31 mars 1547, et fut blessé d'un éclat de lance dans l'œil, en soutenant contre Montgommery, le 30 juin 1559, dans un tournois qu'il fit faire à Paris, rue Saint-Antoine, pour les noces de sa fille aînée Isabelle avec Philippe II, roi d'Espagne. Il mourut de sa blessure onze jours après au palais des Tournelles, à l'âge de quarante-un ans, après avoir régné environ douze ans. Sa femme lui fit élever un magnifique mausolée, que l'on voit aujourd'hui dans le Musée des Monumens français (1).

Henri II fut le premier qui fit graver son image sur les monnaies. Il laissa de sa femme Catherine dix enfans, savoir, cinq garçons et

---

(1) *Voyez* les gravures de ce monument et des bas-reliefs qui l'accompagnent, ainsi que sa description, tome 3, page 86 ; et, même volume, pag. 88, etc.

Pl. 23.

CATHERINE DE MEDICIS
Reine de france
Morte en 1589 à l'age de 60 ans.

cinq filles : 1° François II ; 2° Charles IX ; 3° Henri III ; 4° Louis, mort jeune, et François, duc d'Alençon ; ensuite Isabelle, femme de Philippe II ; Claude, femme de Charles II, duc de Lorraine ; Marguerite dite de Valois, première femme de Henri de Navarre, depuis roi de France sous le nom de Henri IV ; et Victoire et Jeanne, jumelles, mortes en bas âge. Ses enfans naturels sont, 1° Henri d'Angoulême, grand-prieur de France, gouverneur de Provence, né de mademoiselle Leinston, écossaise, tué à Aix en Provence, le 2 juin 1586, par Philippe Altoviti, baron de Castelanes ; 2° Diane, duchesse d'Angoulême, née de Philippe-des-Ducs, demoiselle de Coni en Piémont, qui fut mariée en février 1552 à Horace Farnèse, et en secondes noces, en mai 1557, à François, duc de Montmorency, maréchal de France : elle mourut à l'âge de quatre-vingts ans, en 1619. On voit dans ce Musée la statue qui ornait le tombeau de la duchesse d'Angoulême, que nous avons sauvé de la destruction.

Il nous suffira de transcrire ici le nom de

_____

(1) *Voyez* la gravure et la description de ce monument, tome 3, page 151.

Catherine de Médicis, femme de Henri II, pour rappeler à nos lecteurs quels furent les malheurs auxquels la France fut livrée pendant le cours entier de la vie de cette femme ambitieuse, dont le caractère dissimulé ne fut jamais bien connu : cependant le genre d'éducation qu'elle donna à ses enfans nous suffirait pour porter un jugement définitif sur son compte ; mais nous l'abandonnons entièrement à l'opinion de ceux qui apprendront que les historiens de son tems s'accordent à dire que les passe-tems et les récréations qu'elle faisait donner à ses enfans étaient des combats à mort de coqs, de chiens, ou d'autres animaux ; qu'elle les menait elle-même à la Grêve pour y voir les exécutions ; et que, voulant les rendre aussi lascifs que sanguinaires, elle donnait de tems en tems des fêtes où ses filles d'honneur, les cheveux épars et couronnés de fleurs, servaient nues à table. « Presque tous les vices qui ruinent les
» grands États, et qui attirent le courroux
» du ciel, dit Mézerai, régnèrent à la cour
» de Médicis : le luxe, l'impudicité, le liber-
» tinage, les blasphêmes, les cruautés, et la
» curiosité aussi sotte qu'impie de chercher
» les secrets de l'avenir par les détestables

ANNE DE MONTMORENCY
Connétable de France,
mort en 1567.

» illusions de l'art magique. » En effet, Médicis, comme toutes les personnes faibles, donnait dans la magie et dans l'astrologie judiciaire. Elle fit bâtir par Bullant, architecte célèbre de ce tems là, la colonne de la halle au blé, de Paris, que l'on voit encore, pour y faire des observations et des expériences avec les astrologues ou sorciers qui étaient alors en si grand nombre à Paris, qu'on en comptait jusqu'à trente mille. « Cette prin-
» cesse, dit un auteur, portait sur son estomac
» une peau de vélin, d'autres disent d'un en-
» fant écorché, semée de figures, de lettres
» et de caractères de différentes couleurs,
» ainsi qu'un talisman que lui forma l'astro-
» logue Regnier, et que l'on trouve gravé
» dans le tome 2 du journal de Henri III.
» Avec ce talisman, elle croyait pouvoir
» gouverner souverainement et connaître
» l'avenir : il était composé de sang humain,
» de sang de bouc, et de plusieurs sortes de
» métaux fondus ensemble, sous quelques
» constellations particulières qui avaient rap-
» port à la nativité de cette princesse. » On faisait aussi en cire la figure des personnes dont on avait juré la perte ou la mort; on les poignardait à la suite d'une certaine céré-

monie qui se pratiquait, et on avait la bonhommie de croire que les personnes en mourraient de suite.

Catherine de Médicis ne se plaisait qu'au milieu du trouble ; elle semblait formée pour brouiller et détruire ; *elle aurait semé la discorde dans la cour la plus tranquille.*

Voici le portrait que Varillas nous a laissé de cette princesse : « elle avait, dit-il,
» la taille admirable, et la majesté de son vi-
» sage n'en diminuait point la douceur ; elle
» surpassait les autres dames de son siècle,
» par la blancheur du teint et par la vivacité
» de ses yeux, et quoiqu'elle changeât sou-
» vent d'habit, tant de sortes de parures lui
» siéaient si bien, qu'on ne pouvait discerner
» celle qui lui était la plus avantageuse. Le beau
» tour de ses jambes lui fesait grand plaisir
» de porter des bas de soie bien tirés. (1) »
C'est aussi cette belle partie de son corps que Germain Pilon, son sculpteur particulier, s'est plu à bien rendre dans sa statue que l'on voit dans notre Musée des Monumens français,

---

(1) Ce fut d'elle que les femmes prirent l'usage des bas de soie.

que nous avons gravée sous le n° 103 (*ter*); et décrite tome 3, page 8 ; « et ce fut aussi
» pour montrer sa belle jambe qu'elle inventa
» la mode d'en mettre toujours une sur le
» pommeau de la selle en allant sur des ha-
» quenées (au lieu d'aller, comme on disait
» alors, à la planchette); elle inventait de tems
» en tems des modes également galantes et
» superbes ; et comme on ne vit jamais un
» si grand nombre de belles dames qu'elle en
» eut à sa suite, on ne les vit jamais plus
» brillantes ; il semblait que la nature eût
» pris plaisir à lui donner toutes les vertus
» et tous les vices de ses ancêtres. Elle avait
» l'attachement de Cosme le Vieux pour les
» richesses, mais elle ne les ménageait pas
» mieux que Pierre Ier, fis de Cosme son
» trisaïeul. Elle était magnifique au delà de ce
» qu'on avait vu dans les siècles précédens,
» comme Laurent, son bisaïeul, et n'était
» pas moins rafinée en politique ; mais elle
» n'avait ni la droiture de ses intentions, ni
» sa libéralité pour les beaux esprits. Son
» ambition ne cédait point à celle de Pierre II,
» son aïeul ; et pour régner, elle ne mettait
» pas plus de différence que lui entre les
» moyens légitimes et ceux qui sont défendus.

» Les divertissemens avaient des charmes
» pour elle; mais elle ne les aimait, à l'exem-
» ple de Laurent son père, qu'à proportion
» de la dépense dont ils étaient accom-
» pagnés. » En quelque endroit qu'elle allât,
dit Mezerai, elle traînait toujours avec elle
tout l'attirail des plus voluptueux divertissemens, et particulièrement une centaine des
plus belles femmes de la cour, qui menaient
en lesse deux fois autant de courtisans. « Il
» fallait, dit un autre auteur, que, dans le
» plus grand embarras de la guerre et des af-
» faires, le bal marchât toujours : le son des
» violons n'était point étouffé par celui des
» trompettes; le même équipage traînait les
» machines des ballets et les machines de
» guerre : dans un même lieu, on voyait les
» combats où les Français s'égorgeaient, et
» les carrousels où les dames se divertis-
» saient. » Si Médicis était un assemblage
bisare de crimes et de vertus, nous dirons à
son avantage qu'elle était insensible aux in-
jures, et qu'elle avait le mépris le plus pro-
fond pour toute espèce de calomnie : elle ne
voulut jamais que l'on recherchât l'auteur
d'un libelle intitulé *la Catherine*, qui parut
de son tems. Nous rapporterons à ce sujet

l'anecdote suivante, que nous avons puisée dans Varillas, historiographe de France sous Louis XIII, que l'on accuse de n'être pas toujours exact, et d'embellir souvent ses sujets. Si le fait n'est pas vrai, il est au moins consolant de pouvoir rapporter quelque chose en faveur de cette femme sur le compte de laquelle il n'y a que du mal à dire. « J'ai
» appris, dit l'auteur, dans les Conférences
» de MM. Dupuis, que Catherine de Mé-
» dicis eut la curiosité de se faire lire cette
» satire pendant qu'on la coiffait, et qu'elle
» en critiqua tous les articles l'un après
» l'autre; qu'elle avoua de bonne foi une
» partie des fautes qu'on lui reprochait, et
» qu'elle accusa les autres de fausseté; qu'elle
» ajouta quelquefois, par une naïveté dont
» les dames italiennes sont peu capables, que
» si ses ennemis eussent été mieux informés
» de la vérité, ils auraient rendu leur satire
» plus curieuse, sans comparaison, en expo-
» sant dans toute leur étendue les défauts
» qu'ils ne lui reprochaient qu'à demi; et
» que, pour comble de sincérité, elle ex-
» posa nettement les choses qu'ils auraient
» dû dire contr'elle, pour la dépeindre aussi
» méchante qu'ils voulaient qu'elle fût. »

Ceci me rappelle très-bien ce que Philippe Desportes, dont j'ai recueilli le tombeau que l'on voit dans la salle d'introduction de ce Musée, gravé tome 5, page 9, et décrit tome 4, page 173, dit, en parlant d'un ouvrage fait contre lui, intitulé *la Conformité des Muses italiennes et françaises*, dans lequel on lui reprochait d'avoir beaucoup pris de l'Italien, et qu'un compère de l'auteur lui montrait avec complaisance pour savoir ce qu'il en pensait, pratique astucieuse dont les artistes et les savans usent entr'eux, « qu'il était malheureux que l'auteur ne l'eût pas consulté avant de faire son ouvrage, parce qu'il lui aurait fourni des mémoires à ce sujet, et qu'il avait beaucoup plus pris chez les Italiens que son critique ne le disait. » Médicis mourut en 1589, à l'âge de soixante-dix ans, nullement regrettée. De Thou ajoute : *on cessa de parler de la reine dès qu'elle fut morte, ou plutôt on ne parla plus que du mal qu'elle avait fait.*

Le portrait de Henri II, dont on voit ici la gravure, est peint sur bois par Janet. Il est représenté dans son costume civil, et celui de Médicis, désigné par le n° XXIII, la représente en veuve. Tous deux sont d'une

Pl. 24.

ANTOINE DE BOURBON
Roi de Navarre,
mort en 1562.

DE PORTRAITS INÉDITS. 161

vérité et d'une finesse qui caractérisent les ouvrages de ce peintre qui était particulièrement attaché à cette cour.

PLANCHES

VINGT-QUATRIÈME ET VINGT-CINQUIÈME.

Portraits d'Antoine de Bourbon, roi de Navarre, et de Jeanne d'Albret, sa femme.

Antoine de Bourbon, roi de Navarre, et père du roi de France Henri IV, était fils de Charles de Bourbon, duc de Vendôme. En 1548, il épousa Jeanne d'Albret, qui lui apporta en mariage la principauté de Béarn et le titre de roi de Navarre. Ce prince, né au milieu des guerres de religion, n'avait pas assez de caractère pour résister à l'oppression, ni assez de force dans l'esprit pour ne pas céder au plus fort. Né protestant, il entra dans le parti *papiste* dans l'espérance d'obtenir la régence du royaume de France après la mort de François II, dont la faible santé faisait craindre pour ses jours. Ainsi, il se réunit au duc de Guise et au connétable

I.   11

Anne de Montmorency, réunion que l'on appelait alors le *triumvirat*. On pourrait considérer cette conduite comme de la sagesse dans la circonstance où se trouvait Antoine de Bourbon; car les droits qu'il pouvait faire valoir au besoin pour la régence, ne flattaient nullement les vues ambitieuses de la reine Médicis, qui avait aussi ses prétentions sur le gouvernement. Elle prit ses précautions, et le malheureux François II, tout mourant qu'il était, à la sollicitation du duc de Guise, avait ordonné qu'on se défît *du roi de Navarre*. Le jour est pris; Antoine, informé du projet, entre dans la chambre où il devait recevoir la mort, disant d'une manière assurée à un gentilhomme qui se trouvait là: *s'ils me tuent, portez ma chemise toute sanglante à mon fils et à ma femme; ils liront dans mon sang ce qu'ils doivent faire pour me venger.* Cette apostrophe directe arrêta l'exécution du complot.

Cependant, en 1562, Antoine se mit à la tête des armées, et se rendit maître des villes de Blois, de Tours et de Rouen, où il fut blessé à l'épaule gauche d'un coup de mousquet. La ville étant prise, il y entra victorieux, sur un lit porté par ses soldats:

Pl. 23.

JEANNE D'ALBRET

Mere de Henri IV. Roi de france
morte en 1578.

il mourut le trente-cinquième jour, des suites de sa blessure. Voici ce qu'on raconte sur cet événement. « Sa plaie n'était pas mortelle, » mais les *entretiens assidus et particuliers* » d'une demoiselle dont la reine se servait » pour attirer ce prince dans ses filets, lui » échauffèrent le sang ; et son inquiétude » l'ayant porté à se mettre dans un bateau, » sur la Seine, pour remonter à Paris, il » fut saisi d'un frisson, et ensuite d'une sueur » froide, signes d'une mort prochaine. En » effet, le bateau s'étant arrêté à Andeli, il » y rendit le dernier soupir le 17 novembre » de l'année 1562. »

Jeanne d'Albret, sa femme, née en 1531, était fille de Henri II d'Albret, roi de Navarre : elle avait autant de courage et de force dans l'esprit que son mari en avait peu. Une résolution prise, elle y tenait fortement ; son caractère entier et ferme la fit redouter de la reine Médicis, qui fut accusée depuis de l'avoir fait empoisonner avec une paire de gants. Elle mourut presque subitement peu de jours avant le massacre de la Saint-Barthélemy. La véritable cause de sa mort est encore ignorée. Elle embrassa le protestantisme pour se venger de la conduite peu

loyale du pape envers son père Henri d'Albret, auquel il avait fait enlever le royaume de Navarre par une *bulle* appuyée des *armes* de l'Espagne. Cette femme sage, courageuse, amie des sciences et des arts, étant grosse, voulut suivre son mari à la guerre; son père Henri d'Albret lui fit la condition suivante, qui est rapportée par l'un des précepteurs du roi Henri IV : « Jeanne d'Albret, dit ce
» fidèle serviteur, voulant suivre son mari
» aux guerres de Picardie, le roi son père
» lui dit qu'il voulait que si elle devenait
» grosse, elle lui apportât sa grossesse en
» son ventre, pour enfanter en sa maison,
» et qu'il ferait nourrir lui-même l'enfant,
» fille ou garçon..... (*Ici il y a lacune.*)
» Que cette princesse se trouvant enceinte,
» et dans son neuvième mois, partit de
» Compiègne, traversa toute la France jus-
» qu'aux Pyrénées, et arriva en quinze jours
» à Pau, dans le Béarn.... (*Deuxième la-*
» *cune.*) Elle était curieuse de voir le testa-
» ment de son père; il était dans une boîte
» d'or sur laquelle était aussi une chaîne d'or
» qui eût pu faire autour du cou vingt-cinq
» ou trente tours. Elle la lui demanda : elle
» sera tienne, lui dit ce bon père, dès que

» tu m'auras montré l'enfant que tu portes;
» et afin que tu ne me fasses pas une *pleu-*
» *reuse* ou un *rechigné*, je te promets le
» tout, pourvu qu'en enfantant, tu chantes
» une chanson béarnoise; et quand tu enfan-
» teras, j'y veux être.... Entre minuit et une
» heure, le 13 décembre 1553, les douleurs
» prirent à la princesse; son père, averti,
» descend : l'entendant venir, la princesse
» chanta la chanson béarnoise qui commence
» par *Notre-Dame du bout du pont, aidez-*
» *moi en cette heure...* Étant délivrée, son
» père lui mit la chaîne d'or au cou, et lui
» donna la boîte d'or où était son testament,
» lui disant : voilà qui est à vous, ma fille,
» mais ceci est à moi; prenant l'enfant dans
» sa grande robe, sans attendre qu'il fût bon-
» nement accommodé, et l'emporta dans sa
» chambre. » Voilà la manière dont Henri IV
fut reçu dans ce monde. Antoine de Navarre
était fort attaché à sa femme; ses amis de
cour, pour plaire à la reine Médicis, em-
ployèrent sans succès toutes sortes de moyens
pour le faire séparer de sa femme qu'elle
détestait. « On ne put jamais lui faire répu-
» dier *Jeanne d'Albret*, sa femme, quoi-
» qu'on lui représentât qu'il le pouvait faire,

» parce qu'elle était hérétique. » Il faut remarquer qu'il avait embrassé le papisme, quand on lui fit cette proposition; que ce changement était l'ouvrage de Médicis, et que la proposition qu'on lui faisait de répudier sa femme, sous prétexte d'hérésie, était aussi l'ouvrage de cette femme astucieuse, qui régnait en introduisant la discorde dans l'État et dans les familles. « D'ailleurs, on » promit à Antoine de lui faire épouser, » s'il voulait consentir à renvoyer Jeanne » d'Albret, la reine Marie Stuart, veuve » de François II¹, qui pouvait lui apporter » le royaume d'Ecosse, et même celui d'An- » gleterre. » Le roi de Navarre sentit fort bien qu'il ferait une sottise, s'il se laissait aller aux séductions des envoyés de la reine; il ne tint aucun compte des promesses qu'elle lui fit faire, et mourut comme un homme d'honneur, fidèle aux engagemens qu'il avait contractés avec sa vertueuse femme.

Le portrait d'Antoine de Bourbon, roi de Navarre, dont on voit ici la gravure, est peint sur bois, ainsi que celui de Jeanne d'Albret, sa femme, numéroté XXV; il est d'une couleur vigoureuse, d'une manière

FRANÇOIS II.
Roi de France
mort en 1560.

très-empâtée, et produit beaucoup d'effet. Celui de Jeanne d'Albret est d'une finesse rare pour les carnations, et d'une grande perfection de travail dans tous ses détails : on les croit tous deux de Janet.

PLANCHES

VINGT-SIXIÈME ET VINGT-SEPTIÈME.

Portraits de François II, roi de France, et de Marie Stuart, sa femme.

François II, d'une faible santé et trop jeune pour prendre les rênes de l'empire, fut mis en tutelle sous les ordres de Catherine de Médicis, sa mère, qui avait eu l'art d'éloigner de la régence le roi de Navarre, en le nommant lieutenant-général du royaume. Mais bientôt les querelles particulières qui s'élevèrent entre le duc de Guise et le connétable Anne de Montmorency, qui se disputaient l'autorité, devinrent des querelles d'État ; on eut recours aux armes, et la France fut assez malheureuse pour que le parti des Guise l'emportât ; le connétable reçut, de suite, l'ordre de se retirer à Chantilly.

Le cardinal de Lorraine usa de l'autorité,

non pas en maître, mais en tyran ; on n'entendait parler, dans Paris, que de proscriptions et d'arrêts de mort, on ne voyait qu'échafauds dressés et que supplices, pour exercer, d'une part, leur vengeance, et de l'autre, pour soutenir, par la terreur, les édits vexatoires qu'ils faisaient rendre pour atteindre la fortune des particuliers. Le mal était à son comble, les esprits s'exaspérèrent, la fermentation devint générale, elle éclata. *On en voulait au duc de Guise et au cardinal de Lorraine, auteurs des misères communes*, a dit un auteur du tems. « Pour rendre la
» chose plus odieuse, ils répandirent que
» c'était au roi qu'on en voulait, et lui
» persuadèrent de se retirer au château
» d'Amboise, ce qui fit qu'on donna à
» cette conspiration le nom de *conspiration*
» *d'Amboise*. Elle fut dissipée par cela
» même qu'elle était découverte, et l'on
» punit sévèrement ceux même que l'on
» soupçonna d'y avoir trempé. Ce n'était
» partout que ruisseaux de sang ; la Loire
» regorgeait de corps morts. Jamais on n'en
» avait tant immolé à la sûreté de deux
» ministres qui faisaient de leur *propre*
» *danger, le danger de la personne du*

MARIE STUART.
Reine de France et d'Écosse
décapitée le 17 février 1587

» *roi*. On n'y fut pas trompé ; mais ils
» avaient besoin de ce prétexte pour auto-
» riser une aussi horrible boucherie : leur
» dessein était d'y envelopper aussi le prince
» de *Condé* et l'amiral *Châtillon*, leurs
» ennemis, qu'on disait être les chefs du
» complot. » Le cardinal de Lorraine, de
concert avec la cour de Rome, avait le
dessein d'établir l'inquisition, et de mettre
ainsi la France sous la puissance sacerdo-
tale. Cependant les protestans, qui étaient
alors en grand nombre, et à la tête desquels
se trouvaient des hommes puissans, présen-
taient un grand obstacle à l'exécution du
projet ; dès ce moment, on résolut de les
perdre. Le cardinal de Lorraine se chargea
d'en négocier les moyens avec le pape. Le
vertueux chancelier de l'Hôpital, par la force
de son génie et de son éloquence, parvint
à éloigner le projet de l'inquisition ; mais
la perte des protestans ne fut différée que
de peu d'années. Le malheureux François II
mourut d'un abcès qu'il avait dans la tête,
le 5 décembre 1560, à l'âge de dix-sept
ans, ne laissant, après lui, que le souvenir
des cruautés de ses infâmes ministres. Sa
femme lui fit élever un mausolée en marbre,

que l'on voit aujourd'hui dans notre Musée des Monumens français, et que nous avons décrit et gravé dans notre ouvrage, tom. 3, pag. 89.

François II avait épousé Marie Stuart le 24 avril 1558; cette princesse, la plus belle femme de l'Ecosse et de la France, et en même tems la plus malheureuse, est née le 15 novembre 1542, de Jacques V, roi d'Ecosse, et de Marie de Lorraine, fille de Claude Ier, duc de Guise. Le malheur, quand il est extrême, intéresse toujours, quoique celui qui en est le sujet en soit la véritable cause; tel est le sentiment qu'on éprouve en lisant la vie de l'infortunée Marie Stuart, qui commença sa vie sous de malheureux auspices. Elle perdit son père sept jours après sa naissance, qui, dit-on, mourut empoisonné. De ce moment elle fut proclamée reine d'Ecosse sous la tutelle de sa mère. La France et l'Angleterre se disputèrent bientôt l'honneur de posséder la jeune reine, qui devait apporter le royaume d'Ecosse à celui auquel elle donnerait sa main. La France, liée d'amitié avec l'Ecosse, eut la préférence, et la jeune princesse, qui n'avait encore que six ans, destinée au fils

du roi de France Henri II, vint à Paris jouir de tous les avantages d'une cour aimable, brillante, la plus polie de l'univers et dont la perte ménageait un jour à Marie de grands regrets. L'éducation la plus soignée et la plus recherchée en fit un être charmant et tellement instruit qu'elle excitait la jalousie des hommes les plus savans.
« Tous les historiens nous la représentent
» comme une des plus belles princesses qui
» aient paru en France ; tous s'accordent
» à vanter l'éclat de ses yeux, la blancheur
» éblouissante de son teint, le contour gra-
» cieux de sa bouche et la délicatesse de
» sa taille. Marie joignait à tous ces avan-
» tages de la figure, des qualités bien plus
» solides. Son esprit était orné des plus
» belles connaissances. Ses ennemis même
» ne peuvent lui refuser une imagination
» brillante, une mémoire heureuse et le
» jugement le plus sain. Dans son enfance,
» elle prononça, avec l'applaudissement de
» toute la cour, une harangue latine dans
» laquelle elle prouvait *qu'il était bien-*
» *séant aux femmes d'étudier et d'être*
» *savantes*. Elle s'appliqua avec succès à
» l'étude des langues ; l'anglais, l'italien,

» l'espagnol, le français, le latin, lui de-
» vinrent aussi familiers que sa langue
» naturelle : quelques-unes de ses poésies
» prouvent qu'elle ne le cédait à aucun
» poète de son tems. »

Après la mort de Marie, reine d'Angleterre, fille de Henri VIII et de Catherine d'Aragon, Marie Stuart, en qualité de petite fille du roi Henri VIII, prit le titre de *reine d'Angleterre*, et pour devise deux couronnes avec ces mots, *aliamque moratur*. Ce titre seul fut la cause de sa mort. Cette jeune princesse, au milieu des jouissances les plus délicieuses, dans le plus beau pays du monde, ne pensait pas qu'un jour Elizabeth, reine d'Angleterre, sa rivale, née d'un mariage illégitime, éteindrait par l'échafaud un *titre* qu'elle ne voulait point partager; car je pense que cette reine impérieuse aurait volontiers pardonné à Marie Stuart ses débordemens et même la mort de Henri, son second époux, si elle n'eût craint que son titre de reine d'Angleterre et de petite fille légitime du roi Henri VIII, ne fût préjudiciable à ses propres intérêts.

La mort de François II, fut pour Marie Stuart le plus grand des malheurs ; forcée,

par Catherine de Médicis et par les Guises ses oncles, de retourner en Ecosse, elle quitta la France à qui elle devait tout et qu'elle aimait comme sa véritable patrie ; aussi l'appelait-elle *ma chère France*. Elle s'embarqua à Calais, et voici le récit de ce triste départ, tel qu'on nous l'a conservé :
« Le premier objet qui s'offrit aux yeux de
» la reine Marie Stuart, en sortant du port,
» fut un vaisseau englouti par les flots avec
» tout l'équipage. Ce funeste présage, joint
» au chagrin qu'elle avait d'abandonner la
» France, plongea la princesse dans la plus
» profonde tristesse. Le premier jour de
» son voyage, elle demeura appuyée sur
» la poupe de la galère, les yeux tournés
» vers le port dont elle s'éloignait : *adieu*,
» criait-elle, *adieu ma chère France* (1) !
» Et lorsque la nuit vint interrompre ses
» adieux, et lui dérober la vue de cette terre
» chérie, elle fit dresser un lit sur la traverse
» de la galère, et recommanda au pilote
» de l'avertir, sitôt qu'il ferait jour, si l'on

---

(1) *Voyez* la pièce de vers qu'elle fit au sujet de son départ, tome 4, page 11.

» découvrait encore la France. Son ordre fut
» exécuté. Le calme avait empêché la galère
» d'avancer. Marie revit la France et repéta
» encore ces mots : *adieu, adieu ma chère*
» *France!* »

Marie Stuart fit bientôt la différence qui existait entre le pays qu'elle venait de quitter et celui qu'elle allait régir ; elle était reine toute puissante, mais comme le bonheur n'est réellement que dans les jouissances de l'ame, elle ne jouissait, comme reine, que des avantages matériels que lui procurait son poste éminent, et l'Ecosse ne lui offrit que le triste tableau d'un pays sauvage et barbare. Dans cette position pénible, elle avait besoin de consolation, par conséquent d'aimer ; elle retrouva la galanterie et la manière françaises dans la personne de Henri Stuart, comte d'Arley, son cousin, l'homme le plus beau, le mieux fait et le plus poli de l'Ecosse; elle s'attacha à lui et l'épousa. Par une fatalité qui tenait plus au malheureux sort qui l'attendait qu'aux mauvaises dispositions de son cœur, elle se dégouta de son mari; elle eut plusieurs amans qui firent tous une fin tragique. David Rizzo, d'autres disent Riccio, qui, aux charmes de la voix joignait un excellent goût de musique, fut le premier; le roi en conçut de la jalousie, et le fit poignarder aux pieds de sa femme, sans avoir égard à son état de grossesse; elle était enceinte alors de cinq mois. Le dernier Jacques Hepbam, comte de Bothwel, plus entreprenant que les autres, profitant de l'extrême faiblesse que la reine avait pour lui, fit assassiner le roi le 9 février 1567, dans le château d'Edimbourg; d'autres disent qu'on fit sauter le château par la mine. La reine, cédant à une passion violente, eut l'imprudence d'épouser Bothwel. Cette conduite révolta tellement la nation, qu'elle fut obligée d'abdiquer la couronne en faveur du prince d'Ecosse, son fils (1); de plus elle perdit sa liberté. Les mauvais traitemens

---

(1) Jacques VI, roi d'Ecosse, dit le premier, depuis qu'il fut roi d'Angleterre et d'Irlande, fut aussi le premier qui prit le titre de *roi de la Grande Bretagne*; il était fils de Henri Stuart, et de Marie, condamnée depuis à perdre la tête.

« Cette reine était enceinte de cinq mois lorsque
» son amant Rezzio fut poignardé à ses yeux. La vue
» des épées nues et sanglantes fit sur elle une telle
» impression, qu'elle passa jusqu'au fruit qu'elle por-
» tait. Jacques I*er*, qui naquit quatre mois après cette

qu'elle reçut du comte de Murray, son frère, qu'elle avait nommé régent, inspirèrent une sorte d'indignation : la pitié succéda à l'envie de punir ; on lui fit un parti, et elle fut délivrée de prison par une légion de six mille hommes, qui furent vaincus. Marie se trouvant au dépourvu, se sauva en Angleterre dans l'espoir d'y trouver un asile ; mais elle fut trompée dans ses espérances : elle n'y trouva qu'une prison, dix-huit années de misères et la mort. C'est alors que la vengeance d'Elisabeth éclata contre une rivale dont elle épiait depuis longtems la conduite. La reine Elisabeth ordonna qu'on reçût, avec honneur, la reine Marie Stuart ; mais elle lui fit dire en même tems, *qu'accusée par la voix*

» funeste aventure, en 1566, trembla toute sa vie à
» la vue d'une épée nue, quelqu'effort que fit son
» esprit pour surmonter cette disposition de ses or-
» ganes. Après la mort d'*Elisabeth*, qui l'avait nommé
» son successeur, il monta sur le trône en 1603, et
» régna sur l'Ecosse, l'Angleterre et l'Irlande. A
» son avénement au trône, un écossais, entendant
» les acclamations extraordinaires du peuple, ne put
» s'empêcher de s'écrier : *eh, juste ciel, je crois que*
» *ces imbécilles gâteront notre bon roi.* »

DE PORTRAITS INÉDITS.

publique, du meurtre de son époux, elle devait s'en justifier. Elle fut donc constituée prisonnière à Teuksburi, et on nomma des commissaires pour instruire cette importante affaire.

Dans cette circonstance, le zèle trop actif des amis de Marie Stuart, au lieu de la sauver, ne servit qu'à hâter sa perte. Ils formèrent une conspiration contre la reine Elisabeth : on devait l'assassiner. Le complot fut découvert, suite nécessaire de toute conspiration; et quatorze des conspirateurs furent exécutés. La reine, furieuse, ordonna de suite l'instruction du procès de Marie Stuart : on y mit de la passion, et même de l'iniquité. Écoutons l'histoire elle-même sur cette grande affaire. « Quarante-deux membres du Parle-
» ment et cinq juges du royaume allèrent
» l'interroger dans sa prison, à Fotteringhai,
» où elle fut transférée : elle protesta, mais
» elle répondit. Jamais *jugement* ne fut plus
» *incompétent*, et jamais *procédure* plus
» *irrégulière*. On lui représenta de simples
» copies de ses lettres, et jamais les origi-
» naux; on fit valoir contr'elle les témoi-
» gnages de ses secrétaires, et on ne les lui
» confronta point; on prétendit la convaincre

» sur la déposition de trois conjurés qu'on
» avait fait mourir, dont on aurait pu dif-
» férer la mort pour les examiner avec elle.
» Enfin, quand on aurait procédé avec les for-
» malités que l'équité exige pour le moindre
» des hommes, quand on aurait prouvé que
» Marie cherchait partout des secours et des
» vengeurs, on ne pouvait la déclarer crimi-
» nelle. Elisabeth n'avait d'autre juridiction
» sur elle que celle du *puissant* sur le *foible*
» et sur le *malheureux* ; mais sa politique
» cruelle exigeait le sacrifice de cette *illustre*
» *victime ;* elle fut condamnée à perdre la
» tête. Son arrêt lui fut prononcé le 17 fé-
» vrier 1587 : elle l'écouta avec un calme
» héroïque, et se prépara de suite à la mort
» avec une résignation et une force d'esprit
» peu ordinaires à son sexe. »

Voici les détails que l'on a recueillis sur les derniers instans de la vie de la belle Marie Stuart, reine de France et d'Ecosse : « La
» veille de son supplice, après avoir entendu
» sa sentence, ses premiers soins furent à
» Dieu et à la religion ; elle employa le reste
» de la journée à partager, entre ses domes-
» tiques, son argent et ses bijoux. Elle soupa
» fort tranquillement et donna à tous ses gens

» le *dernier adieu*, embrassa ses femmes et
» permit aux hommes de lui baiser la main. »
O, que ce mouvement naturel est noble!
qu'il est rempli de sensibilité et qu'il peint
bien le fond de l'âme de l'infortuné Marie
Stuart! « Ensuite elle se coucha et passa une
» bonne partie de la nuit à prier Dieu dans
» son lit. Elle se leva avant le jour et s'ha-
» billa avec plus de soin qu'à l'ordinaire; elle
» prit une robe de velours noir, disant qu'il
» fallait qu'elle allât à la mort avec plus d'é-
» clat que le commun. Les comtes de Salis-
» bury et de Kent étant venus dans sa cham-
» bre, elle alla au devant d'eux, et leur dit :
» *Milords, soyez les bien venus ; je me*
» *suis levée aujourd'hui plus matin que*
» *vous* : ensuite, s'appuyant sur l'épaule
» d'un des milords, elle alla au supplice. Elle
» avait la tête couverte d'un voile, tenait un
» crucifix à la main, et portait une couronne
» à sa ceinture. Son écuyer, nommé Malvio,
» se mit à genoux, et, fondant en larmes,
» lui demanda ses ordres. *Ne pleurez pas,*
» lui dit-elle, *réjouissez-vous de ce que*
» *Marie Stuart va bientôt être délivrée de*
» *tous ses maux ; je vous prie seulement*
» *de dire à mon fils que je meurs dans la*

» *religion catholique, et que je le conjure*
» *d'être fidèle à la foi de ses pères.* La
» reine, rendue au lieu du supplice, qui était
» tendu de noir, monta noblement sur l'écha-
» faud, sans éprouver la moindre émotion :
» après s'être fait bander les yeux par une
» de ses femmes, elle récita le pseaume *Do-*
» *mine in te speravi*, et mit aussitôt après sa
» tête sur le billot. Le bourreau, ému lui-
» même de ce qu'il allait faire, ne la fit
» tomber qu'au second coup de hache. »

Le portrait de François II, dont nous donnons ici la gravure, a été peint sur bois par Janet; celui de sa malheureuse femme, victime de l'artificieuse Catherine de Médicis, qui aurait pu la conserver à la Cour sous le titre de *reine douairière* (ce titre seul aurait rempli les vœux de Marie Stuart), est peint de profil et sur toile. Je l'attribue à Porbus : sa couleur est belle et franche, les accessoires en sont très-soignés et finiment faits; il m'a été donné par M. Didot Saint-Marc, amateur des arts, frère du célèbre imprimeur de ce nom. J'en fais hommage au Musée des Monumens français, comme un monument qu'il convient de placer parmi ceux que je publie dans cet ouvrage.

GUILLAUME BUDÉ

Bibliothécaire du Roi François 1.er

mort en 1540.

PLANCHE VINGT-HUITIÈME.

Portrait de Guillaume Budé, bibliothécaire du roi François Ier.

Guillaume Budé, né à Paris, en 1467, d'un secrétaire du roi, ne fut célèbre que dans un âge avancé. Né avec un caractère vif, dissipé et des passions fougueuses, il ne commença à étudier qu'après avoir passé une partie de sa jeunesse dans les jouissances du jeune âge. S'étant mis sérieusement au travail, il fit des progrès rapides en peu de tems, et se rendit les langues grecque et latine si familières, qu'il fut bientôt considéré comme l'oracle des savans. Son premier ouvrage est un Traité des monnaies anciennes, dans lequel brille l'érudition la plus profonde et une connaissance parfaite de l'antiquité. Erasme lui donna à ce sujet le surnom de *Prodige de la France* ; on ajoute même qu'il en fut jaloux. François Ier, qui allait au devant des hommes à talens, voulut s'attacher particulièrement Guillaume Budé ; il le nomma, en 1522, maître des requêtes, lui conféra la direction de sa bibliothèque,

et l'envoya comme ambassadeur au pape Léon X. Ce fut à la sollicitation de Budé que ce roi, protecteur des lettres et des arts, fonda à Paris le collége Royal, avec des chaires particulières pour les langues savantes. L'Empereur Napoléon le Grand, au retour de ses grandes et illustres victoires sur la Prusse et la Russie, attacha particulièrement ses regards sur ce collége, déjà florissant par ses habiles professeurs et par une réunion nombreuse de la plus belle jeunesse de France. Jaloux de propager les sciences et les lumières dans ses Etats, ce grand conquérant a fondé, par décret du 12 août 1807, quatorze chaires de plus dans cette superbe institution ; savoir : quatre chaires de géographe et dix chaires d'histoire. « Il y aura une chaire de
» géographie maritime ; deux chaires de géo-
» graphie continentale, l'une d'Europe, et
» l'autre des autres parties du monde ; et une
» chaire de géographie commerciale et sta-
» tistique. Il y aura, pour l'histoire, une
» chaire d'histoire ancienne, y compris celle
» de Grèce ; une chaire d'histoire romaine ;
» une chaire du moyen âge ; une chaire
» d'histoire moderne ; une chaire d'histoire
» de France ; une chaire d'histoire militaire ;

» une chaire d'histoire de législation; une
» chaire d'histoire littéraire; une chaire d'his-
» toire ecclésiastique ; enfin une chaire de
» bibliographie. »

Guillaume Budé réunissait à ces qualités savantes et spirituelles celles du cœur; il était vertueux citoyen et bon ami. Sa femme était fort instruite, et lui servait ordinairement de secrétaire ; elle l'aidait dans ses ouvrages, sans négliger cependant les soins intérieurs de sa maison. On rapporte qu'un jour, étant à travailler dans son cabinet, on vint l'avertir que le feu était chez lui : *avertissez ma femme, répondit-il sans se détourner de son travail, vous savez que je ne me mêle point des affaires du ménage.*

La gravure que l'on voit ici de ce savant, qui mourut, en 1540, à l'âge de soixante et treize ans (1), est faite d'après un portrait en miniature très-soigné et d'une couleur vigoureuse ; il est peint suivant l'usage de ce tems

---

(1) Il demanda à être enterré sans aucune des cérémonies d'usage ; ce qui fit dire aux faux dévots de ce tems là, que pour se singulariser, il avait favorisé les opinions nouvelles, ennemies des cérémonies de l'Eglise. Budé pensait, à cet égard, comme le chancelier de l'Hôpital et tous les hommes sensés.

là, sur une peau de vélin; l'emploi de l'ivoire pour ces sortes de peintures est moderne : le nom du peintre est inconnu.

PLANCHE VINGT-NEUVIÈME.

Portrait du connétable de Bourbon. (1)

Charles, troisième du nom, duc de Bourbon, comte de Montpensier, et connétable de France, était fils de Gilbert de Bourbon, deuxième du nom, comte de Montpensier, et de Clair de Gonzagues. Né le 27 février 1490, il épousa, le 10 mai 1505, Suzanne de Bourbon, fille et héritière de Pierre II, duc de Bourbon; elle mourut le 28 avril 1521. Charles étant veuf, il fut obligé de s'expatrier pour avoir refusé, d'une manière brusque et injurieuse, d'épouser Louise de Savoie, mère de François Ier; *je ne veux point d'une vieille garce*, dit-il (2). Cette

---

(1) Le portrait original de la gravure que nous donnons ici, est plus que médiocre; mais il a au moins le mérite de la ressemblance, et nous pensons que l'intérêt que présente le personnage est plus que suffisant pour ne pas le supprimer de notre Recueil.

(2) Vieux mot qui veut dire *fille*; lisez *vieille fille*.

CHARLES DE BOURBON
Connétable de France?
mort en 1527.

princesse, outrée de la conduite du connétable, se vengea de son impertinence; elle lui intenta un procès, aidée des conseils et des soins du chancelier Duprat; elle lui enleva toute la succession de la maison de Bourbon. Charles, sensible à cette perte, et furieux du procédé, se révolta contre le roi François Ier, sortit du royaume le 8 février 1525, prit le parti des ennemis de la France, et s'attacha à l'empereur Charles-Quint. François Ier lui ayant fait demander l'épée de connétable et son ordre, il répondit à l'envoyé: *dites au roi votre maître, quant à l'épée qu'il me demande, qu'il me l'a ôtée à Valenciennes lorsqu'il confia à M. d'Alençon l'avant-garde qui m'appartenait. Pour ce qui est de l'ordre, je l'ai laissé derrière le chevet de mon lit à Chantilly.*

« La révolte du connétable de Bourbon,
» si fatale à la France, et les entreprises
» des Guises, qui portèrent leurs vues jus-
» qu'à la couronne (dit le président Hé-
» nault), apprennent aux rois qu'il est éga-
» lement dangereux de persécuter les hommes
» d'un grand mérite, et de leur laisser trop
» d'autorité. »

Charles de Bourbon fut tué d'un coup d'arquebuse, en combattant pour les Espagnols, à l'âge de trente-sept ans, le 6 mars 1527, au siége de Rome, en montant des premiers à l'assaut, dans le moment qu'il n'avait plus qu'un échelon à monter, et qu'il avait déjà la main droite appuyée sur le haut du rempart. On rapporte que le jour de l'assaut, il s'habilla de blanc pour être, disait-il, le *premier but des assiégés, et la première enseigne des assiégeans*. En effet, il fut tué par le célèbre Cellini, orfèvre et sculpteur Florentin, aussi grand homme de guerre qu'il était artiste habile, et auquel le pape Clément VII avait confié la défense du château Saint-Ange. Le fait paraît d'autant plus avéré, que cet artiste avoue lui-même dans sa vie qu'il a écrite, *qu'il a tué le connétable de Bourbon d'un coup de fauconneau au siége de Rome*. Celui-ci s'étant brouillé ensuite avec le pape, qui le fit mettre en prison, il abandonna la cour de Rome du moment qu'il put obtenir sa liberté. Il vint en France auprès du roi François Ier, qui le combla de ses faveurs, et pour lequel il fit plusieurs morceaux que l'on considère comme autant de chef-d'œuvres.

» Tout ce qu'on peut s'imaginer d'horri-
» bles et de cruelles actions, hormis les in-
» cendies, fut commis dans le sac de cette
» grande ville (dit Mezerai); il dura deux

» mois entiers, pendant lesquels les Espa-
» gnols, qui se disent si bons catholiques,
« surpassèrent de beaucoup en cruautés les
» Allemands, qui professaient ouvertement
» d'être sectateurs de Luther, et ennemis
» jurés de la papauté. » Les soldats étant entrés dans le vatican, brisèrent les beaux vitraux qui le décoraient, ravagèrent, à plaisir, les chef-d'œuvres de Raphaël; ils firent du feu dans les salles aux pieds des belles peintures de ce grand maître, gratèrent la majeure partie des têtes avec la pointe de leur sabre et de leur dague.

Cependant, le corps du connétable de Bourbon fut porté, en grande pompe, à Gaëtte; on lui éleva un mausolée magnifique qui fut entièrement détruit après le concile de Trente. Son corps, qui avait été bien embaumé, et, par conséquent, qui s'était conservé, fut longtems exposé à la curiosité des voyageurs.

PLANCHE TRENTIÈME.

Portrait de la belle Féronnière, maîtresse du roi François Ier.

La belle Lunel ou la belle Féronnière,

maîtresse de François Ier, était femme d'un chaudronnier de la rue de la Féronnerie à Paris, d'où elle prit son nom de *Féronnière*. Ce chaudronnier, qui aimait tendrement sa femme, conçut de la jalousie du commerce qu'elle tenait avec le roi, et résolut de s'en venger ; il alla exprès dans un mauvais lieu pour prendre, d'une femme publique, une certaine maladie qui résulte ordinairement de la débauche. Cette maladie était d'autant plus cruelle alors, qu'elle était toute nouvelle en France, et qu'on ignorait encore l'art de la bien guérir. Le chaudronnier la communiqua de suite à sa femme, qui la donna au roi, qui en mourut à Rambouillet en 1547. Mézerai dit à ce sujet : « j'ai quelquefois en-
» tendu dire au sujet de l'abcès dont mourut
» François Ier, qu'il prit ce mal de la *belle*
» *Féronnière*, l'une de ses maîtresses, dont le
» portrait se voit encore aujourd'hui dans
» quelques cabinets curieux, et que le mari
» de cette femme, par une étrange et sotte
» espèce de vengeance, avait été chercher
» cette infection en mauvais lieu pour les
» infecter tous deux. »

François Ier fit peindre sa maîtresse par le célèbre Léonard de Vinci, qui fit un chef-d'œuvre que l'on voit encore aujourd'hui au Musée Napoléon. Le portrait de cette femme que nous avons fait graver et que l'on voit ici, est loin d'être un chef-d'œuvre ; mais comme nous ne le considérons que sous le rapport de l'intérêt qu'il présente, nous avons pensé que ce motif était plus que suffisant pour ne pas l'exclure de notre collection.

Plusieurs auteurs ont confondu la belle Féronnière avec une autre maîtresse de François Ier, nommée l'Avocate, parce qu'elle était femme d'un avocat de Paris. Marguerite de Valois la considère comme la plus belle personne du monde, et comme l'une des maîtresses de son frère pour laquelle il était le plus passionné ; cependant, il paraît certain que ce sont deux femmes différentes qui furent effectivement maîtresses du roi François Ier. Voici l'anecdote que l'on rapporte sur madame l'Avocate, dont le roi fit connaissance dans un bal particulier. Un certain soir, comme Fançois Ier se rendait seul et *incognito* chez sa maîtresse, il fut rencontré, par le mari, dans l'escalier de la maison. Cet homme ne fut pas peu surpris de voir le roi seul et sans suite dans sa maison à une heure de la nuit. Le roi voyant sa surprise extrême, pour le rassurer, et voulant en même tems conserver le mystère qui lui plaisait dans cette intrigue, lui dit : *Monsieur l'avocat, vous savez quelle confiance, moi et tous ceux de ma maison ont toujours eue en vous, et que je vous regarde comme un de mes meilleurs amis et l'un de mes serviteurs le plus attaché. J'ai bien voulu venir jusques chez vous sans suite pour vous recommander mes affaires, et vous prier de me donner à boire, car j'en ai grand besoin, mais surtout bouche close, et ne dites à personne du monde que je sois venu : j'ai mes raisons, et d'ici je vais dans un endroit où je ne veux pas être connu.* Ce bon homme, ébloui de l'honneur que le roi paraissait vouloir lui faire en venant chez lui, séduit par la tournure adroite que le prince aimable donna à son discours, reçut l'amant de sa femme dans son appartement, ordonna à madame l'avocate de faire préparer une collation qui fût digne de celui qu'elle avait l'honneur de recevoir. Pendant le souper, François Ier fut gai et aimable ; il eut tout le tems de dire à sa maîtresse tout ce qu'il desirait ; on assure même qu'il eut soin de prendre, avec elle, toutes les mesures convenables pour l'entretenir plus souvent, en observant toujours dans ses démarches la conduite mystérieuse qui lui rendait son amour d'autant plus piquant, qu'il ménageait, non seulement la réputation de celle qu'il aimait, mais encore l'amour-propre de monsieur l'avocat.

Suivant l'histoire, le mari était un avocat célèbre de Paris, qui étoit considéré comme l'homme le plus riche du barreau. Veuf, sans enfans quoiqu'âgé, il se prit de belle passion pour une jeune personne de dix-huit ans, d'une beauté extraordinaire. « Ses traits, dit-on, » étaient parfaitement beaux, son teint admi- « rable, sa taille noble et bien prise. L'amour » de l'avocat était extrême, mais il était vieux, » l'épouse était jeune : elle chercha à dissiper » l'ennui que donnent les complaisances d'un » vieillard par les amusemens, les bals, les » petites sociétés, les promenades et les autres » parties qu'elle lia avec les autres bour- » geoises de son rang, sans s'écarter en rien » de la décence. Elle alla à une noce où se » trouva François Ier; ce prince, qui a tou- » jours passé pour l'homme le mieux fait, le

192 [RECUEIL, etc.

» plus galant et le plus aimable de son siè-
» cle, fixé par les charmes angéliques de la
» jeune avocate, s'approcha d'elle, lui parla
» de son amour, et fut écouté. Dès le soir
» il eut rendez-vous auquel il se rendit. »

Nota. Nous terminerons cet ouvrage par une suite de gravures, seulement au trait, des costumes français sous les différens règnes, qui serviront, ainsi que l'explication, à remplir les lacunes qui peuvent se trouver dans cette partie intéressante de notre histoire, que nous avons traitée dans les autres volumes publiés sur le Musée des Monumens français.

les gravures au trait n'ont pas paru.

FIN DU PREMIER VOLUME. *et dernier*

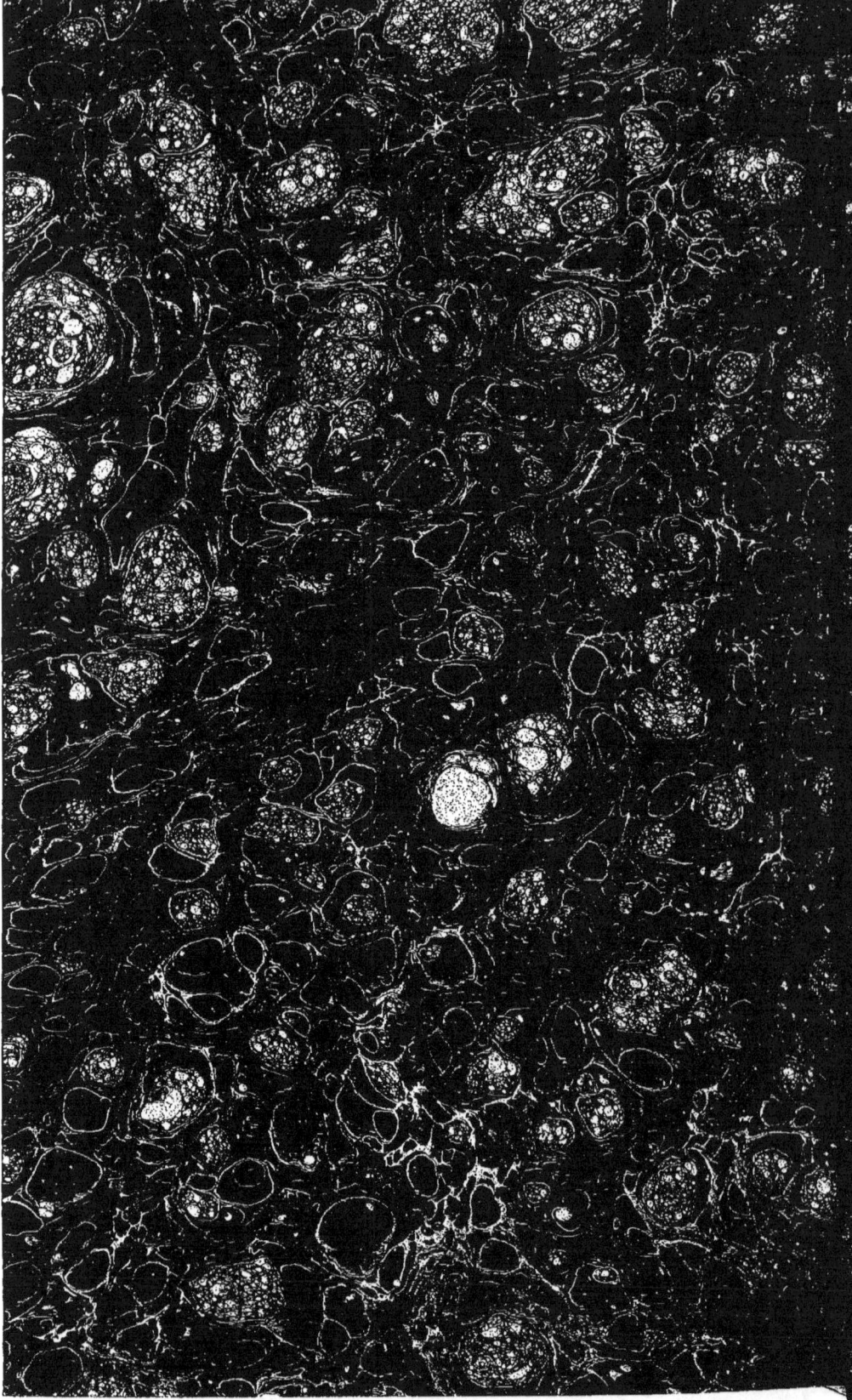

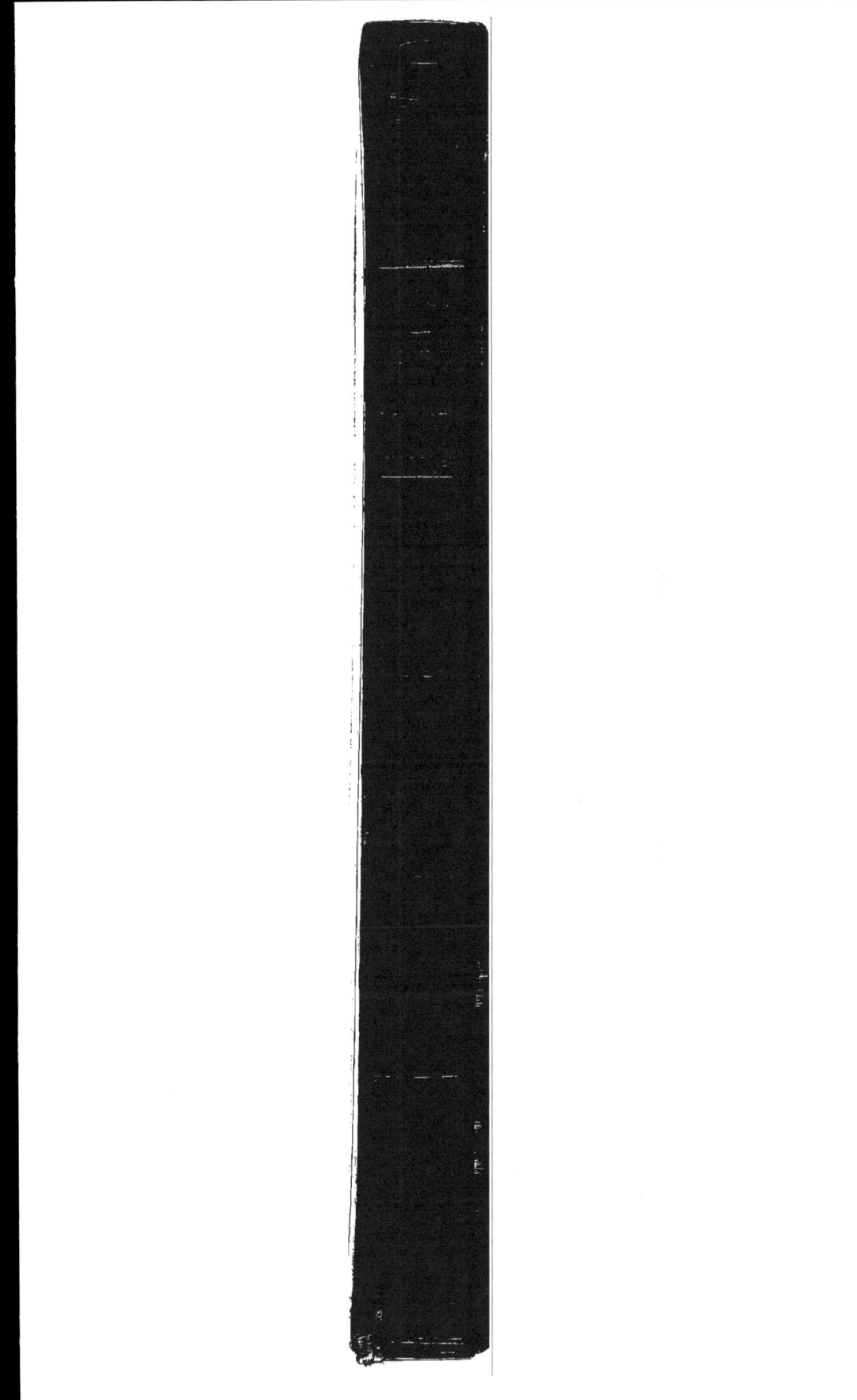

www.ingramcontent.com/pod-product-compliance
Lightning Source LLC
Chambersburg PA
CBHW070746170426
43200CB00007B/670